社長の苦しみを軽くする本

賢く“SOS”を出して経営ピンチを脱出

株式会社リアルヴィジョン代表取締役
STF合同会社代表社員
袋 雅和

合同フォレスト

まえがき

「なんだか、心身ともに調子が悪い……」

そんな悩みを抱える中小企業の社長が増えています。

それもそのはずです。眠れなくなったり、食欲不振に陥ったり、メンタルダウンを経験した社長は65％もいるそうで、つまり、日本中の社長の半数以上は、なんらかの「心の病」を抱えているのですから。

おそらく、皆、主な悩みの原因は、経営している会社の不調、あるいはたとえ今は順調だったとしても、このまま維持できるのかと不安なのでしょう。

私の周りにも「会社がうまくいかないし、自分も調子が悪い」「特に何か理由があるわけではないが、ずっと不安だ」という経営者仲間が少なくありません。

かくいう私も、過去幾度となく経営難に苦しんできました。それでもなんとか乗り越え、今まで生き延びています。

そんな自分の経験を活かして、悩みを抱える経営者の手助けをできないか。そう考えた私は、経営・メンタルの両面でピンチからの脱出を手助けする、「経営ピンチ脱出サポーター」として活動を始めたのです。

今まで相談にのってきた経営者のほとんどは、経営とメンタル両面で健全さを取り戻し、経営者として活躍しています。


申し遅れました。袋《ふくろ》　雅和《まさかず》と申します。私は現在、株式会社リアルヴィジョンという会社の代表取締役を務めています。この会社は２０１１年に私が創業し、太陽光パネルや家庭・店舗向けのセキュリティ機器の設置事業や、電気自動車用充電設備の施工などを手がけています。

創業から14年ほどになりますが、この間、私自身、倒産寸前のピンチを経験してきました。ほぼ全員に近い社員が同日に辞めてしまったり、工事代金を払ってもらえず資金繰りが危機的状態になったり、不良社員に会社のお金を取られて逃げられたり……。

このようなことは、一度や二度ではありません。普通の人間であれば、もう会社経営をやめていても不思議ではないレベルではないかと思います。それでも私は、メンタルを病むこともなく、ピンチのたびに経営を立て直し、事業を成長させ、現在、黒字の会社を営んでいます。

その秘訣は、困ったときに、自分ひとりで乗り切ろうと頑張るのではなく、すぐにSOSを出して助けを求めていたことです。自分ではできないこと、わからないことを目の前にして立ち止まっていては前に進めないことを、本能的に知っていたのかもしれません。

SOSを出す相手は、経営者仲間や友人、業界関係者、親族などいろいろですが、私はひとりで悩むことなく、誰かに相談して、その知恵や力を借り、ピンチを切り抜けてきました。

そのたびに、私は、自分を助けてくれた仲間との絆を深め、協力し合う喜びを改めてかみしめてきたのです。

「社長がSOSを出して人に頼るなんてみっともない」と思う人もいるかもしれません。でも、ひとりでやせ我慢をした結果、何の対策も立てられずに、会社は倒産して従業員は解雇。自分も債務整理に追われ、メンタルまで病んでしまったらどうでしょう。こんな、誰も幸せになれない結末がカッコいいとは、とても私には思えません。

だから私は「経営ピンチ脱出サポーター」として、悩みを抱える経営者に「まずは周囲の人にSOSを出しなさい」とアドバイスしているのです。

誰かに助けを求めることは、経営者のようにトップに立つ人間にとっては、特に勇気が必要であり、ときには苦痛を伴うかもしれません。でも、その結果、ピンチに陥る前の生活に戻れる、いや、それ以上の生活を手に入れられる可能性があるのであれば、チャレンジしてみる価値は十分あります。

「もうダメだ！」と思っても、自分が知らないだけで、実際にはさまざまな解決策があることがほとんどです。

私はこれまで、資金繰りや従業員対策などの経営に関するアドバイスをしたり、メンタル面でのサポートを通じて、多くの中小企業経営者をピンチから救ってきました。

そんな私の経験をもとに、誰でも自分でピンチから脱出できるように膨大なノウハウをぎゅっと圧縮したのが本書です。

本書では、ピンチのときの相談相手の選び方から、ピンチを招かないための日常の対策、メンタルケアの方法、具体的なトラブル事例まで、多数の解決策、そして次の一手を紹介しています。

存続している企業、業績が伸びている企業の経営者は「次の一手を探し続けることができた人」にほかなりません。そして、人にＳＯＳを出せば、打ち手の数は無限大に増えていきます。

ぜひ本書を参考に「〝文殊の知恵〟だらけの会社経営」を実現してください。

もくじ

PHASE 4

対処の開始（応急処置）①

PHASE 5

対処の開始（応急処置）②

PHASE 6

問題の解決にあたっての深堀りワーク①

PHASE 7

問題の解決にあたっての深堀りワーク②

PHASE 8

資金難、競合の妨害、人事トラブル……
経営のピンチはこうして乗り切る

エピローグ

PHASE 1

助けて！が言えずに苦しむ経営者が7割

1 経営者の65%に「不安で眠れない経験」あり

売上低下……不安と恐怖に耐えていませんか？

皆さんは毎日よく眠れていますか？　睡眠は健康の源であり、健康は経営者にとって何よりも大切なもの。だからこそ睡眠は毎日しっかりとりたいものですが、ある調査によると、経営者の65%が不安で眠れない経験があるそうです*)。

もちろん、来る日も来る日も眠れないわけではないでしょうが、睡眠時間が5〜6時間を切ると過労死のリスクが高まるとも言われています。つまり、経営者の5人に3人は、過労死のリスクが高いということになります。

私の知人にも、最近いつも疲れた顔をした社長がいます。以前に比べてかなり調子が悪そうに見えたので、心配になって声をかけてみました。

「なんだか疲れてるね。大丈夫？　ちゃんと寝てる？」

「いや、最近なかなか寝られなくて。気がついたら朝になっていて、そのまま出社することもあります」

20代、30代なら、たまの徹夜くらいの無理はききますが、その社長はすでに40代前半。

しかも、ほとんど徹夜の状態が「たまに」ではなく頻繁にあるのでは、体にいいはずがありません。

「何か心配事でもあるの？」と聞くと、

「このごろ、なかなか営業がうまくいかなくて。売上が落ちてきているんです」

伏し目がちに、彼はそう答えました。

彼の会社は、清掃用品の製造販売を手がけています。一時は販売も好調で彼自身も羽振りがよかったのですが、競合も増え始め、それにつれて売上も下降気味に。それが気になって、夜も眠れないのでしょう。

＊）Awarefy 調べ（https://prtimes.jp/main/html/rd/p/000000052.000057374.html）

経営は晴れの日ばかりではない

その話を聞いて、彼には申し訳ないですが、私は「なんだ、そんなことか」と拍子抜けしてしまいました。

確かに、会社を経営していて売上が伸びなければ不安になります。ましてや、順調に成長してきたのにそれがピタリと止まり、しかも下降気味になったら「このままだとまずいのではないか」「資金繰りが厳しくなったらどうしよう」などと悲観するのもわかります。

人によっては、眠れないほど心配になるかもしれません。

実は私も、同じような修羅場は何度もかいくぐってきました。あまり思い出したくない場面にも数多く出くわしました。「ほかの会社は順調そうなのに、なんでウチはこうなんだろう。自分は経営者失格なんじゃないか」と思い詰めたこともあります。でも、あるとき、ふと気がついたのです。

「こんな思いをしているのは、もしかしたら自分だけじゃないんじゃないか」と。

自分の会社が太陽光パネルを扱っているので、私は天気のことをいつも気にしているのですが、皆さんは日の出から日の入りまでずっと快晴の日が、1年に何日あるかご存知ですか？

実は日本では、そのような日はわずか6日ほどしかないそうです。今日は快晴だな、と思っても、見えないところには雲があり、どこか遠いところでは雨が降っているかもしれないのです。

会社経営も同じこと。表面上は何の問題もなく順調に見えても、水面下では頭を抱えている社長は少なくありません。

ずっと順風満帆の会社など、はっきり言って「皆無」です。それでも皆、その苦境を乗り切って、経営を続けています。

不安で眠れない日も確かにあるでしょう。逃げ出したくなることもあるかもしれません。

でも、それはあなただけではないのです。皆、同じように悩み、苦しみながらも、それらをなんとか乗り越えています。


もしも不安で眠れない夜がきたら、こう考えてみてください。

「経営は晴れの日ばかりではない。でも自分は大丈夫。必ず乗り越えられる」

こう唱えることで少し気持ちを楽にして、ゆっくり寝て体を休めてください。十分な睡眠が、あなたが絶好調だった頃の状態に戻し、再びファイティングポーズを取らせてくれます。

2　2人に1人の社長が「相談相手の不在」に悩んでいる

相談する相手を間違ってはいませんか？

私は自社の経営とともに「経営ピンチ脱出コンサルタント」として、今までに何十人もの経営者の相談にのり、問題解決のお手伝いをしてきました。

私の肌感覚では、経営者の半数は自社のピンチをさらけ出せる相談相手がいないと感じます。

資金繰りや人材育成、社内環境の整備など、経営者が考えなくてはいけないことは山ほどあり、多くの経営者が皆、いっぱいいっぱいになっています。なのに、その悩みをひとりで抱え込まなくてはいけないのは、とてもつらいことです。

私も経営者のひとりですから、その苦しみは痛いほどわかります。

「半数の社長に自社のピンチをさらけ出せる相談相手がいない」としたら、逆に言うと、残りの半数の経営者にはそのような相談相手がいるということです。

ところが私からすると「その相談相手は、問題を解決してくれる本当の意味での〝相談ができる相手〟とは違うのではないかと思えるのです。

というのも、私に会いにくる経営者に話を聞くと「前に別の人に相談していたんだけど、なかなかうまくいかなくて」と言う方が多いのです。

そんなとき「私に会いに来る前に話していたのは、きっと『相談相手』ではなく『話し相手』だったのだろう」と思うことが多々あります。

単なる飲み友達やゴルフ仲間、気心の知れた取引先といった「自分が話しやすい人」は、愚痴をこぼしたり、弱音を吐いたりする分にはいい相手です。きっと、励ましてもくれるでしょう。それだけでもメンタル的に救われるのは確かです。

とはいっても、その人たちが、問題解決のための知識やノウハウを持っているとは限りません。それでは、いくら話をしても会社の状態はよくならないのです。

ではどうすればいいのか？

やるべきことは「問題解決のアイデアをくれる経営者仲間、友人、協力会社に相談する」ことです。恥ずかしがったり、見栄を張ったりせずに「課題」「問題」を相手にしっかり公開することなのです。

「相談相手」はどこかに必ずいる

繰り返しになりますが、本当の相談相手とは、解決策を具体的に教えてくれる人です。あるいは、自分の手にあまる相談を受けたら「この人に聞くといいよ」と、解決策を持っている人物につないでくれる人です。

実際、私も手形のことで相談を受けたことがありますが、詳しいことはわからなかったので、知り合いの金融機関の役員に話をつないだことがあります。その結果、問題は無事に解決できたようです。

ちなみに「転ばぬ先の杖」という諺があるように、そのような相談相手探しは、必ず業績がいいときにやっておくべきです。調子のいいときには、精神的な余裕を持って人を見ることができます。余裕を持って人を見られるということは、観察力が高いということ。相手がどのような人か、どのような強みを持っているか、どのような人脈を持っているかなど、理解しやすくなります。

普段の仕事、あるいはそれ以外の交流の中から、目の前の人の得意分野や何に詳しいのかを把握しておきます。

例えば「A社長は資金繰りの方法に詳しい」「B社長は有力者の知り合いが多い」「C社長は問題社員の対処法をよく知っている」ということがわかっていれば、いざピンチになったときに、あまり知識のない人に資金繰りの相談をしてしまうといった間違いを防ぐことができます。

「自分には相談相手がいない」という場合、「相談相手」はいなくても、先ほど登場した「話し相手」や、一緒に遊んだりする仲間はいるでしょう。そのような知り合いに片っ端から「こんなことで困っているんだけど、誰か相談にのってくれそうな人、知り合いにいないかな？」と聞いて回ってください。そうすれば、力になれそうな人を紹介してくれるかもしれません。

会社がピンチになったら「自分には相談相手がいない」と嘆いていても始まりません。話しやすい人に愚痴を言っている場合でもありません。

たとえ自分のそばには相談できそうな相手がいなくても、どこかに必ずいます。そのような人が見つかるまで、声を上げ続けてください。それは恥ずかしいことではなく、相手にとっても役に立てる機会であり、転ばぬ先の杖をテーマにした、問題解決の模擬練習にもなる絶好の機会なのです。

3　信用に関わるから会社の問題を人に言えない

やせ我慢にも限界がある

「武士は食わねど高楊枝」という諺があります。

「武士たるもの、お金がなくてろくにものを食べられず空腹であっても、楊枝をくわえて満腹のように見せなければいけない」という意味です。要は「やせ我慢のすすめ」ということでしょう。

社長の中にも、このようなやせ我慢をする人がいます。どんなに苦しいときでも、弱音を吐かず、誰かに相談することもありません。誰かに苦しい内情を話したら「あの会社、一見羽振りがよさそうに見えるけど、実は経営状況が厳しいらしい」と思われ、一気に信用をなくすと考えているのかもしれません。

確かに、頑張って大きく育て、まだまだいけるはずの会社をそんな風に思われるのはつらいでしょう。それだけでなく、社長自身にも「経営者失格」の烙印を押されるようでもあり、プライドが許さないということもあるでしょう。会社の問題を誰かに相談することにはネガティブな印象しかないから、どんなに苦しくても見栄を張り、涼しい顔でやり過ごそうとするのも当然です。ただ、それにも限界があります。

経営には忍耐が必要ですが、するべきではない忍耐もあるのです。見栄や意地、あるいは信用度に対する不安を抱きながら、何食わぬ顔で経営を続けていたら、いずれ破綻します。

助けを求めるのは恥ずかしいことではない

例えば、こんな社長がいました。

「今度、大きな案件を受けることになりそうなので、社員を増やしたんです。今の人数だと、ちょっと回せなくて」

「すごいね。順調に伸びてるじゃん！」

「ええ。しかも、これから先も案件が増えそうなんです。もう少し募集かけようかな」

一見、上昇気流に乗っているように見えたのですが……。

実際に受注した仕事が想定よりもだいぶ小さな規模で、売上はさほど変わらないのに社員はかなり増えてしまったのです。当然、経営は苦しくなります。

その後、社長からは何の連絡もありませんが、人づてに聞いた話では案の定、会社は相当厳しい状況のようです。

たぶん、社員を減らすのを心苦しく感じていたり、周りの目が気になったりで、そのままにしているのでしょう。

相談に来てくれれば、一緒に解決策を考えることもできるのですが、私の前でいい格好をしてしまった手前、プライドが許さないのかもしれません。しかし、本当に会社の存続を考えるのであれば、そんなことにこだわっている場合ではありません。

山で遭難しそうなとき、誰かが通りかかるのを見かけても「カッコ悪いから」と、そのままやり過ごしますか？　そんなはずはありません。大声で助けを求めるはずです。

それと同じです。経営もピンチになったら、誰かに助けを求めていいのです。

助けを求めて相談に来た仲間を「カッコ悪い」と思う経営者は、まずいません。むしろ、自分自身も同じような経験をし、それを乗り越えてきたから、きっと共感してくれるはずです。そして、こんなつらいときに自分を頼ってくれたことを嬉しく思う人がほとんどだと思います。

それが、うまくいっている社長のマインドだからです。

「意味のない見栄やプライドは、会社をさらにピンチにするだけ」「厳しいときには、すぐにでも『助けて！』とSOSを出していい」

まずはこのように、今すぐマインドを切り替えましょう。

誰にどのようなタイミングで、どんな切り口で助けを求めるか？　それらについてはこのあと、さまざまなパターンで解説します。

4 「自慢癖」の裏に「誰からも褒められない」不安感

自信がないから自慢をする

中高年がやりがちなのが、過去の自慢話です。「俺が君たちくらいの頃は……」「うちの稼ぎ頭である、〇〇事業を始めたのは自分なんだ」などという話を延々と聞かされても、若者には響きません。

しかし、このような自慢話をする人は、経営者にもよくいます。

「新車のフェラーリを買ったんだ」

「今月、〇〇〇万円の絵を買っちゃったよ」

「この前、あの〇〇社の社長と会食したんだけどね……」

こういう自慢話をする人は、「さすが社長、すごいですね！」などの褒め言葉がほしいのだと思います。もっと厳しいことを言えば、それは自己肯定感の低さの裏返しです。自分に自信がないから、自分以外の人やブランドの力を借りて自慢をしたくなるのです。

考えてみてください。大谷翔平が豪邸を買ったことを自慢しているところを想像できますか？　楽天の三木谷社長はＹＯＳＨＩＫＩの親友ですが、そのことを得意げに話したりしていません。

自己肯定感が高く、現在の自分がやっていることに自信のある人は、どうでもいい〝自慢〟などしなくても平気なのです。

かくいう私も、以前はクルマを買ったときなどはＳＮＳに写真をアップして自慢していました。ですが、今はやっていません。というのも、あるとき、私は自分がやってきたことに自信を持つことができたからです。

私は会社を立ち上げたときに、将来的に自分が実現したいことをリストに書き出していました。そこには、会社のこと、友人をはじめとする人間関係のこと、家族のこと、自分がほしいものなどいろいろなものがありました。

会社が苦しい状態になったとき、「自分は今まで何をやってきたんだろう」「自分は経営に向いていないんじゃないか」と悩むたびに、そのリストを見返したのです。

すると、意外なことがわかりました。私はこれまで、リストに書かれたたくさんのことを着実に達成していたのです。いや、むしろリストに書いていた以上のことを達成していると感じたのです。

そのことに気づいたら、自分で自分を褒めてあげたくなり、心の中でつぶやきました。

「なんだ、俺、結構頑張ってるじゃん」

そうしたら、クルマの自慢などどうでもよくなったのです。

どんなにいいクルマも華麗な人脈も、自分自身が成し遂げてきたこと以上には価値を感じませんでした。そしてその成し遂げてきたことこそが、揺るぎない本当の自信につながりました。

「そう言われても、自分には何もやってきたことなんてないよ」と言う人がいます。そんなことはありません。今までの経験を一つひとつ、書き出してみてください。改めて「意外と自分は頑張ってきたんだな」ということがわかるはずです。

そしてそれが自己肯定感の向上につながり、自分自身に自信が持てるようになります。自分で自分のことを、もっと褒めてあげてください。

もうひとつ知っておいてほしいことがあります。それは「他人はあなたのことを心の中では認めていても、言葉に出して褒めることはあまりない」ということです。だから、面と向かって褒められることがなくても安心してください。皆、きっとあなたのことを認めているはずですから。

5 なぜアドバイスをしても実践しないのか？

赤字続きの原因を直視できない社長

皆さんは子供の頃、そろそろ宿題を始めないとまずいなと思っていたときに、親から

「勉強しろ！」と言われ、とたんにやる気がなくなったという経験はありませんか？

この「他人から言われるとやる気をなくす」病は、子供特有のものではなく、大人になっても発症（？）するもので、経営者にもその傾向が見られます。

実際、困りごとを相談されてアドバイスをしても、なかなか実践に移さない経営者が少なくないのです。これも先ほどの話と同じで「それはわかっている。やろうとは思っているんだよ！」「確かにそれはいい考えだ。でもリスクがある！」「言うのは簡単だけど……」という無意識の反発心が隠れているのかもしれません。

先日も、なかなか赤字が改善せずに困っているという社長が相談にやってきました。まず帳簿類を見せてもらったところ、すぐに原因がわかりました。社員が多すぎるのです。

私の見立てでは、その会社は売上から考えても5、6人が適正なのにもかかわらず、20人以上の社員を抱えていました。これでは赤字が続くのも当然でしょう。

そこで私はこう言いました。

「社員が多すぎるよ。社員は売上を生み出す人に絞って、10人以下で十分だよ」

すると社長は「いや、でもみんな頑張ってますから。それに必要な役割もあるから、いきなり10人以下にするのはムリですよ」と困惑気味です。

「気持ちはわかるけど、ここで人件費を抑えておかないと、後々もっとヤバいことになるよ？　今ならまだ間に合うから」

そのときは、手を変え品を変えて説得、なんとか社長の首を縦に振らせました。

アドバイスを実行しなかった社長の末路

そして数か月後、再び社長に会い、進捗を聞いてみました。すると、驚くような答えが帰ってきたのです。

「言われた通り、あれから5人の社員に辞めてもらいました。かなり大変でした……」

思わず「まだ私が残せと言った人数よりずっと多い社員が残っているのでは？　やることが中途半端だよ」と言ってしまった私は、再度、人件費が赤字に与えているインパクトについて説明しました。

するとその社長は少しキレ気味に「わかってますよ！　だから自分のやり方で人を減らしてるんです。ちゃんとやってますから、大丈夫です」と言うのです。

これはもう、何を言ってもムリだなと思い、「そうか、それなら自分の思うようにやってみたら？　応援してるから」とだけ言って別れたのですが……。

その後しばらくして、帝国データバンクからの情報で、その会社が倒産したことを知りました。「だから言ったのに……」と思わず口に出してしまいました。

プライドがあるのはわかります。自分のやり方で、会社を大きくしてきたという自負があるのも確かでしょう。しかし、それだけに固執していると判断を誤ることもあります。スポーツでも、ごく初心者レベルのうちは自己流で勝てることがありますが、ある程度レベルが上になってくると、基本の型を知らないと勝てなくなります。ビジネスも同じです。失敗したくないのであれば、一時的にでもプライドはどこかに引っ込め、たとえ自分の考えとは合わないものであっても最善策に切り替える必要があるのです。

6 助けたいと思われる社長と、気づかれずに苦しむ社長

常日頃からのコミュニケーションが重要

誰しも、仕事を依頼したくなる会社と、できれば避けたい会社があるものです。自分との相性や仕事の完成度など、理由はいろいろあると思いますが、私は、「頼みやすさ」というものがあると思います。

仕事の有無にかかわらず、常日頃からコミュニケーションを取り、情報交換をしているような相手であれば、「何かあったら仕事を頼もう」という気になるでしょう。

ピンチになった社長を見たとき、「この社長は助けてあげたい」と周囲から思われるかどうかも、それと似ています。

普段からざっくばらんに自分の弱点をさらけ出し、何かと相談ごとをしてくる社長であれば、親近感もわき、多少面倒なことでも「ここはひと肌脱いでやるか！」という気持ちになるでしょう。

反対に、お互いに面識はあるものの、それほど親しくもない社長がピンチになったとしても、積極的に手を差し伸べようとは、あまり思わないですよね。

会社のピンチは、いつ、どのような形・規模で降りかかってくるかわかりません。そのときになって、いざ誰かを頼ろうと思っても、そううまくはいきません。

いざというときに助けてもらえる社長になるためには、人柄はもちろんありますが、それと同じくらいに大切なことが2つあります。

相談にも「慣れ」が必要

ひとつは、自分自身が日頃から人助けをしていることです。

困っている相手がいたら話を聞き、必要があればできる範囲で助けてあげる。自分に、そのような「助け癖」をつけておき、助けた相手が多ければ多いほど、いざというときに自分を助けてくれる人も増えます。

このような言い方をすると妙に打算的に感じられるかもしれませんが、「情は人のためならず」という諺もあります。

そもそも、誰も助けたことがないのに自分のことは助けてほしいというのは、虫がよすぎます。「助けたい」と人から思われるためには、まず自分が人を助ける人になっていることが重要です。


そしてもうひとつが「相談慣れ」です。「相談慣れ」とは聞き慣れない言葉だと思いますが、実は相談事も、慣れていないとうまくできません。

例えば資金繰りのことで相談したい場合、突然「折り入って相談があるんだけど」などと言われたら、当然相手は身構えるでしょう。

しかし普段から「ちょっといいかな？」くらいの軽い雰囲気で相談する癖をつけておけば、相手も受け入れやすくなります。

「たいしたこともないときから、人に相談などしたくない」「自分の会社の内情を他人に知られたくない」という社長もいるかもしれません。そのような人に対しては、誰にも相談できず、最終的に破産して官報に名前が出てしまった場面を想像してもらいます。官報に名前が出てしまったら「会社の内情を知られたくない」どころの話ではありません。全国津々浦々に、「会社を倒産させた人」として知れ渡ってしまうのです。

そのインパクトを考えたら、人に弱みを見せたくないなどと言っている場合ではないことがわかるでしょう。

「助けられやすい社長」になっておくことは、会社存続のために、とても重要なリスクヘッジなのです。

7 「助けて！」と言う勇気が人生を好転させる

助けてもらうほど人は豊かになる

人に相談することなく、なんでも自分ひとりで決めてしまうワンマン社長には、人に頼ることは負けだと思っている人が少なくありません。

そのような人は、最後の最後、もうどうにも手の施しようがなくなった頃になってやっと相談にくるのですが、そうなってしまうと、打てる手は限られてしまいます。

「自分は人の助けは借りない」という見栄やカッコつけは、はっきり言って、自分の首を締めるだけで何の得にもなりません。

それよりも、日頃から他人に助けを求めている人のほうがはるかに多くのものを得ることができます。


私の知り合いに、いつもＳＯＳを出している人がいます。

「新しい事業の客先が思うように増えなくて……誰かお客様を紹介してもらえませんか？」

「人件費の負担が大きくて、なかなか利益を増やせないんだけど、どうしたらいいでしょう？」

など、ＳＯＳは多方面にわたります。

中には私の手には負えないものもあるので、そのようなときには、解決できそうな人を紹介したりと、いろいろな形で手助けしています。

今のところ、そのことで私には特にメリットがないので、ただの〝いい人〟になってしまっているのですが、なぜか助けてあげたくなってしまうのが不思議です。

それはたぶん、助けてあげると、大袈裟なくらい感謝してくれるので、そのことが嬉しくて、ついあれこれと世話を焼いてしまうのかなとも思います。

「誰の助けも借りていない人」は存在しない

その知り合いは、「助けて」と言うことに何のためらいもありませんが、そのことによって、人生はいくらでもいい方向に変えることができます。

誰の助けも借りないで生きてきた人など、この世にひとりもいません。蛇口をひねれば出てくる水も、毎日の食事も、着ている服も、移動するためのクルマや電車も、自分以外の誰かがつくったり動かしてくれているから、自分の日常が成り立っているのです。

生きていくということは、必ず誰かの世話になっているということです。「自分は誰の助けも借りない」と言うのは、大きな勘違いであり、もっと言えば、独りよがりの傲慢な考え方だと思います。

今まで散々たくさんの人に助けられてきたのですから、今さら「人に助けを乞うのはみっともない」なんていうことはありません。

前にもお伝えしましたが、つらいときや苦しいときは、遠慮することなく「助けて！」と言えるマインドに切り替えることが大切なのです。そしてこの切り替えは、何も特別なことではないということです。もともと存在する相互支援の状態を、ほんの少し拡張するだけでかまいません。

問題が大きくなり、手遅れになる前に、相談を持ちかけます。問題が小さいうちのほうが、相談しやすいし、助けるほうも手を差し伸べやすいからです。

8 人に話せば「思わぬ解決策」が転がり込む！

自分の知識・情報には限界がある

こんなことがありました。

小さな建設会社を経営している後輩がいるのですが、彼は常々、もう少し大きな案件を取っていきたいと思っていました。

しかし、一定以上の工事を請け負う建設会社を経営するには建設業の許可が必要で、その許可を得るための要件のひとつに「建設業で5年以上の経営業務経験がある者が社内にいること」というものがあります。

まだ彼は会社を立ち上げて3年ほどなので、社内に5年以上の経営経験のある人がいません。そのため、あと数年は規模を広げることができず「せっかく大きな案件がいくつも目の前にあるのに」と、悔しがっていたのですが、それを聞いた私は、こう言いました。

「なんだ、そんなことならあっという間に解決できるよ。何年も待っていたら、案件なくなっちゃうぞ」

「え？　どうするんですか？　教えてくださいよ！」

と、後輩は真剣そのものです。

どうしたらいいか、皆さんはわかりますか？　答えは簡単で、ほかの建設会社で5年以上役員をしていた人に入社してもらえばいいのです。

「そんな人が簡単に見つかるのか？」と思われるかもしれませんが、個人で建設会社を経営してきて、すでに引退している職人さんはたくさんいます。その人たちに役員に入ってもらえば、要件はクリアです。しかも、実際に会社を経営してきた人なので、経歴に嘘偽りはありません。

「なるほど……。そんな手があったんですね」

後輩は心底感心した様子でした。

人は抱えている問題を、自分の持っている知恵や情報で解決しようとしがちです。それはそれでとても立派なことだとは思います。でも、ひとりの情報や知識で解決策を考えても、すぐに限界がきます。そんなとき、信頼できる相談相手がいれば、もっと早く、思いもよらなかった解決策が見つけられるかもしれません。

「ネットよりも人に聞く」ことのメリット

ところで最近では、多くの人が問題の解決策をネットに求めます。実際、私も相談をしてきた相手に「それ、もう誰かに相談したの？」と聞くと「ネットで調べたらこんな結果が出たんですけど」と言われることがほとんどです。

確かにネットで検索すれば、膨大な量の情報や知恵を瞬時に知ることができます。私も調べ物にネットを利用することが多いので、そのメリットは否定しません。

ただ、ネットですべて解決できるかといえば、そうでもありません。やはりベストな解決法は、人に聞くことだと思います。

確かにネットで得られる情報は、自分が知らなかったことも含めて網羅的で、一般的な解決方法を教えてくれます。でも、必ずしも相談者の事情に即した回答が見つかるわけではありません。

例えば何か新しい事業を始めるとき、ネットでは「1億5000万円くらいは必要」という情報があったとしましょう。

そのとき、ネットの情報しか見ない人だったら「1億5000万円!? とても用意できないよ」と断念してしまうかもしれません。しかし、誰かに相談する習慣が身についている人であれば、そこで思いもよらない解決方法に出合うかもしれません。

1億5000万円をなんらかの方法で調達するにせよ、あるいはそこまでの金額をかけずに実現する方法を模索するにせよ、誰かに相談すれば、自分の身の丈にあった解決策を教えてくれるでしょう。

皆さんもぜひ「困ったら誰かに相談する」ことを実践してほしいと思います。

9 今いる空間の中だけで選択しない

「まだ見ぬ空間」にある新しい武器と価値観

万策尽きて、会社がいよいよダメだとなったとき、胸中にはいろいろな思いがめぐることでしょう。そこでふっと「死の誘惑」にかられてしまうこともあるかもしれません。

そのようなときにぜひやってほしいのが「今自分がいる場所とは違う空間に行く」ということです。

普段、都会にいる人なら、海や山などの自然が豊かな土地がおすすめです。そして、しばらくの間、会社のことは忘れて、そこでぼんやりと過ごしてみてください。すると、自分が知っているのとは違う時間や空気がそこには流れていて、その環境のもとで、たくさんの人が生活していることに気がつくはずです。


要は、人が生きていく環境や価値観は、ひとつではないということです。

もし、大切に育ててきた会社を倒産させてしまったとしても、それで社長の人生も終わってしまうわけではありません。

人は誰でも、小さなものから大きなものまで、いくつもの人生の選択肢を持っています。

ただ、皆、なかなかそのことに気がつきません。

人生の選択肢を増やそう

人は、過去の経験や知識から、いくつかの選択肢を考え、そのうちのひとつを選んで生きていきます。でも選択肢が少なすぎると、何かひとつに失敗したとき「自分の人生はもう終わりだ」と思ってしまうのです。

ほんの少しものの見方を変えるだけで、選択肢は無数に増えていきます。ひとつのことに失敗しても、次から次へと選択肢は湧いて出てきます。

そして、選択肢の幅を広げるために、どこか遠くに行ってみることはとてもいい方法です。個人的にはハワイがおすすめですが、そこまで遠くに行く必要はありません。電車に乗って、2、3時間のところでも十分です。

そして自分の選択肢を増やすことができれば「命を絶とう」という思いは消えてなくなります。

そもそも、社長が自殺したところで、助かる人は誰もいないし、責任を取ったことにもなりません。

残された家族にとっては、トラウマになる過酷な出来事です。また、仕事仲間も「死ぬくらいなら相談してくれればよかったのに……」と残念な気持ちになるだけです。

自殺などせず、新しい選択肢を手にすることは、人生において新しい武器を手に入れ、進化することです。

苦しい現実から離れ、数日間、別の環境に身を置くことは現実逃避ではありません。新しい現実と選択肢を手にするための、とても前向きな行為です。

人生の目的は、幸せを感じて生きていくことです。会社経営やお金は、あくまでその目的を果たすためのツールにすぎません。

単なるツールにすぎないもののことで悩み、あげくに「幸せを感じて生きる」という目的を果たさずに自殺するなんていう行為は、本末転倒で最悪の現実逃避です。

気持ちが追い込まれたら、ひとまず今いる場所から移動してみてください。扉を開けて駅まで歩く！　そう決めるだけでもかまいません。あとは電車に乗ってひと休み、頃よいときに降りて、見知らぬ駅周辺を散歩し、カフェにでも入ってみてください。そこにたたずむ人たちを眺めるだけで、いろいろな選択肢が浮かび、気持ちが楽になるはずです。

PHASE 2

受け入れ（メンタルケア）

諦めるな！　失踪・泣き寝入りはまだ早い

1 目を背けずに「現状」を直視する

問題の〝見て見ぬふり〟で手遅れに！

何か問題が起こると「こうなることはわかっていた」と言う、後出しじゃんけんが得意な、占い師みたいな人があなたの周りにもいませんか？

私はその言葉を聞くと、「わかっていたなら、そのときに何か言えよ！」「なんなら、そうならないように未然に手を打て！」と思いますが、打つ手が思いつかなかったのでしょうか？　それとも下手に動いて失敗するのが嫌だったのでしょうか？

もしも、本当に「こうなることがわかっていた」のであれば、まさに「見て見ぬふりをしていた」ということになります。

経営者の中にも、そのような「見て見ぬふりをする」人がいます。

例えば、資金繰りが厳しくなったとき、やっとのことでお金を工面して支払いを済ませると、それで安心してしまうといったパターンです。

資金繰りが厳しくなるのには、何かしらの本質的な理由があるはずなのに、その理由を考えて対策を立てようとしない人が、少なくないのです。

もっとも、根本的な問題に真正面から向き合いたくないという気持ちも、同じ経営者としてわかります。

必死の思いで倒産の危機を回避した後は、ホッと一息つきたくもなるでしょう。不安や心配が大きければ大きいほど、安心感も大きいはずです。

人間、ずっと張り詰めた状態ではいられません。そして、気分が落ち着いたら、次のアクションに移ればいいのです。

問題点を直視するための技術

実は、私のところに来た相談者にも、そのような人がいました。

深刻そうな顔をして、こう言うのです。

「1週間後までに1500万円必要なんです。申し訳ないけど、貸してもらえないですか？」

「1500万円？　さすがにそれは無理だなあ……。少しなら協力してもいいけど」

「ありがとうございます！　貸してもらえる範囲で大丈夫です」

私は彼にいくばくかのお金を貸したところ、数日後、彼から連絡がありました。

「おかげ様でなんとか乗り切りました。これでもう大丈夫です！」
「おいおい、大丈夫って……。今回はなんとかなったけど、次はないよ？　なんでお金が足りないのか、よく考えて対策を立てないと」
「わかってます。ちゃんとやります！」

それから数か月経った頃、その彼が、またいろいろな人に借金の申し込みをしているという話を聞きました。
「やっぱりわかっていなかったんだな」と、少し残念な気持ちになったことを覚えています。

彼が支払いを乗り切ったあとでやるべきだったのは、未回収の顧客へ回収しにいくこと、新規の売上確保のための営業努力と、既存のお客様からリピート注文をいただくための工夫、その次に固定費の縮小です。

本質的な問題から目を背けていたなら、問題は大きくなる一方です。そうならないためにも、自社の問題点はしっかりと直視することが大切なのです。

そのとき、ぜひやってほしいことがひとつあります。気がついた問題点を、すべて紙に書き出してみてください。そしてそれを、目につく場所に貼っておくのです。

課題を可視化することで、「見て見ぬふり」はできなくなります。

頭の中の文字はその時々の感情でごまかしたり消したりすることができますが、紙に書いた文字はごまかしも消すこともできないからです。

もっとも、そのように書き出した課題を、一気に解決しようとすることはありません。「解決しなくちゃ」とあせる必要もないのです。

まずは、どのような問題点があるのかをきちんと把握すること。そして「見て見ぬふりをする」クセを直すことから始めましょう。そのクセが直ってくれれば、自然と行動も変わります。

2 まだ〝モヤモヤするだけ〟で過ごしますか？

モヤモヤの背後には大きなリスクが潜んでいる

経営者であれば「本当だったらもっと利益が出ているはずなのに、そうならない。なぜなんだろう？」という、モヤモヤした気分を感じたことがあると思います。

このような〝なんとなくモヤモヤする〟といったレベルの問題への対応は、中途半端になったり、あるいは後回しになったりしがちですが、そのままにしておくことは禁物です。

〝モヤモヤ〟を人間の健康に例えるならば、〝なんとなく感じている不調〟です。

はっきりした症状には現れていないものの、体調不良の後ろには大病の火種があることが少なくありません。そのままの状態を放置していたら、やがて重篤な病気になりかねないのです。

経営者が感じる〝モヤモヤ感〟も、同じです。

モヤモヤ感の原因は、過去の自分や会社が、長期にわたって見逃してきた問題点にあります。いわば、過去の「負の遺産」の積み重ねです。

見た目の症状は軽いものでも、非常に根深いリスクといえます。

平時こそ問題解決のチャンス

例えば、品質的にも価格的にも十分な競争力がある商品を販売しているのに、期待したように売上が伸びない場合を考えてみましょう。

プロモーションにも問題はないし、営業担当者も足を棒にして取引先の開拓を進めているし、反応も悪くない。

いったい何が原因なのかよくわからないままにプロモーション予算を増やしてみたり、値下げをしてみたりしても、あまり効果がなかったら、「なぜ売れないんだ？」というモヤモヤ感は増すばかりでしょう。

ここで必要なのは、問題の原因を徹底的に考えてみることです。今まで行ってきたプロモーションは本当に成果を上げているのか、営業部員は取引先開拓を進めているというが、しっかりと相手先のニーズに応える営業活動ができているか、実は優位点と思っている特徴はユーザーには響いていないのではないか、など、自分が「当たり前」と思っていたことを疑ってかかることで、原因が見えてきます。

このようなことは、大きな危機に見舞われたときには誰でもやることでしょう。でも、単なる〝モヤモヤ〟は、まだはっきりした問題やトラブルが発生していない、いわば平時の状態です。だから、現状を疑うことなく、小手先の対応でなんとなくモヤモヤをやり過ごせると思ってしまいがちなのですが、それはとても危険な間違いです。

平時のときこそ、問題点をしっかり洗い出しておくことが重要です。〝モヤモヤ〟は、いずれ大きな負の遺産となって自分たちを襲ってきます。

未来の自分たちを助けるためにも、いまあるモヤモヤ感を正面から受け止めてください。具体的なやり方はこれから述べますが、「もしもこれが大きな問題に発展してしまったらどうするか？」と、日頃から考えるクセをつけておき、問題が浮上する前に対処することが大切です。

3 現状を5W1Hで文字化する

問題点を分解して可視化する

皆さんは子供の頃、作文の授業で「文章を書くときには5W1Hを忘れないように」と教わったことがあると思います。

念のためですが、5W1Hとは、「When」（いつ）、「Where」（どこで）、「Who」（誰が）、「What」（何を）、「Why」（なぜ）、「How」（どのように）、という6つの単語の頭文字を取ったものです。

これらの要素を入れることで、必要な情報を漏れなく伝えられるというわけです。

実はこの「5W1H」という考え方は、文章を書く場合だけでなく、物事を分析する際にも有効です。問題が発生したら、その原因を「5W1H」に落とし込み、それぞれの要素を文字にして整理することで、問題点がクリアになり、解決への糸口が見えてきます。

例えば、日用雑貨を販売している会社で、かつてのヒット商品の売上が下降気味になってきたときのことを、「5W1H」方式で考えてみましょう。

「When」……下降トレンドに入ってきたのは、今年の2月頃から
「Where」……全体的に落ちているが、◯◯スーパーでの落ち込みが顕著
「Who」……担当者がAからB、Cの2人に替わった
「What」……清掃用品の落ち込みが足を引っ張っている
「Why」……競合が低価格の商品を出してきた
「How」……一度落ち込んでからは横ばいだが、再度の下落があり得る

このようにまとめてみると課題が浮き彫りになり、打ち手も見えてきますよね。◯◯スーパーで数字が下がっているのであれば、次ページの表のように、競合他社の情報収集を早急に行い、価格の見直しや他社にない強み、顧客のターゲットの振り替えを行うという

How（どのように）

題が起きたことによってどうなっているか

How（どのように）	何を怠っていたか（個人）	今後の対策
を開けて作業を行っていたため、機械が近隣へ漏れてしい、クレームが多発、作業をストップせるを得ない状況とった	作業員の安全性ばかりを重視しすぎて近隣への配慮に欠けていた。 KYシートの確認はしていたにもかかわらず、現場から出ている要望に対して取るべき対策案を会社に提示していなかった。 現場リーダーと同様に近隣への配慮に欠けていた。 自社で契約した案件にもかかわらず、下請け会社に丸投げをしていたため、現場の状況を把握していなかった。	・現場をリーダーに任せきりで、状況をタイムリーに把握できていないことや安全について会社として対策を怠っていたことが今回のクレームにつながったと考えられる。今後は作業員の安全性を確保するための対策や近隣への騒音対策を事前に行い、それらの対策を正当に行っているかをチェックするために現場リーダーのほかにもサポート役を現場に置く。 ・また、会社への報連相をタイムリーに行えるよう、社内にいる者が現場リーダー（またはサポート役）へ毎日決められた時間帯に連絡を取るようにする。 ・元請け会社には最低でも週一回は現場へ足を運んでもらい、現場の状況を目視したうえで改善する点などがあれば提案するようにしてもらう。
度落ち込んでから横ばいだが、再度下落がありうる	社員Aは○○スーパーの担当者と個人的によい関係づくりができていたが、社員Cをうまく巻き込めていなかった。新たに担当となった社員B、C、Dが担当者との関係づくりを怠っていた。 社員Aと○○スーパーとの関係性が深いため、担当変更した後も今までのように発注がくると思い込んでいて○○スーパーに足を運んでいない。ほかの客先にもあまり足を運んでいなかったため、下降トレンドに入り始めている。 メーカーの立場として㈱▲▲に市場動向を伝えていなかった。 広告制作だけに特化していて、市場動向のリサーチをしていなかったため、本人たちはよい広告を作っていると思い込んでいた。	・競合他社の情報収集を早急に行い、価格の見直しや他社にはない強み、顧客のターゲットの振り替えを行う。 メーカーにも価格の協力や情報収集の強力してもらい、起死回生の策を一緒に考えてもらう。 ・広告会社には現況の市場リサーチも行ってもらったうえで、新たな広告を打つようにしてもらう。 ・今後は社員Aのように顧客と個人的にいいおつきあいをするだけではなく、必ず部下や同僚も巻き込み、会社対会社としてのおつきあいができるようにする。 現在の営業担当者B、C、Dは社員Aの営業力だけに頼らず、自力で売上を獲得できるよう一人ひとりが主体性を持って営業する。

×××㈱ のクレーム事例

Who（誰が） プロジェクトに関わっている人物	When（いつ） 問題発生し始めた時期	Where（どこで） 問題が発生した場所	What（何を） 起きた問題	Why（なぜ） 問題が起きた原因
	〈7月10日〜13日〉	作業現場（室内）	現場の騒音で近隣住民からのクレームが多発	気温が上昇する時だったため作業現内の気温が高くない窓を開けて作業をていた
社員A（現場リーダー）	この頃から関わっていた			
社員B（現場担当）	この頃は関わっていない			
社員C（事務員）	現場には関わっていないが毎日現場から提出されるKY（危険予知）シートをチェックする役割			
協力会社A（現場担当）	この頃は関わっていない			
協力会社B（現場担当）	この頃から関わっていた			
元請けA（営業担当）	現場にくることはない			

㈱ ▲▲の問題事例

Who	When	Where	What	Why
社員A（営業部長）	下降トレンドに入ってきたのは、今年の2月頃から	全体的に落ちているが、○○スーパーでの落ち込みが顕著	清掃用品の落ち込みが足を引っ張っている	競合が低価格の商を出してきた
社員B（営業課長）	3月頃から営業担当者がA、CからB、C、Dの3人に変わった			
社員C（営業）				
社員D（営業）				
メーカー担当				
広告会社				

流れになります。

この「5W1H」は、「せっかく雇った社員がすぐに辞めてしまう」「顧客からのクレームが頻発している」など、いろいろな問題を可視化するのに有効なので、ぜひやってみてください。

迷ったら「Who」から考えてみる

とはいっても、問題点をはっきりと6要素に分解するのは難しい場合もあると思います。特に、「いつから」「どこで」というのは、はっきりさせづらいかもしれません。

そのような場合は「誰が」から考えてみてください。いつ、どこで発生したことなのかはわからなくても、その問題に関わっている人は必ずいるはずです。

売上の低下、社員の退社、顧客からのクレームの増加など、それぞれの問題で担当者や責任者の名前を書き出してみれば、そこから枝葉のように関係者がぞろぞろと浮かんでくるでしょう。

そうすると「この問題の軸になっているのは、この社員だな」「この社員を異動させた頃から、問題が増え始めたようだ」ということが芋づる式にわかり、何をすればいいのかが見えてきます。

正しい現状認識に有効な「5W1H」の考え方をぜひ取り入れてみてください。

4 〝よくない未来〟を箇条書きする

あらゆるリスクに目配りをすること

太陽光発電事業に取り組んでいる我が社にとって、（向こうがどう思っているかはわかりませんが）原子力発電は強力なライバルです。

その原発ですが、実は再稼働のためには、さまざまな条件をクリアする必要があるそうです。

原発そのものの安全性はもちろんですが、立地や、災害時の周辺住民の避難経路が確保できているかなど、あらゆるリスクを検討したうえで安全性が認められないと、再稼働はできないというのです。

なぜ突然こんな話を始めたかというと、経営者は、起こり得るリスクに対してあらゆる角度から目配りをしておく必要があるからです。

そこで私がやっているのが、定期的に、会社に起こり得る、あるいは起こったら困るネガティブな出来事を思いつく限り、箇条書きで書き出すということです。

今直面している問題だけではなく、あらゆる〝よくない未来〟を想像するのです。

例えば、こんな内容です。

- 半年以上新規の契約が取れず、資金がショートする
- 取引先からの入金が一切途絶える
- 信頼している部下が造反し、会社を乗っ取られる
- 工事中に誤ってお客様の家を全焼させてしまった
- 職人が屋根から落ちて死亡してしまう

このように、あらゆるリスクを想定しておくことのメリットは、広い視野で経営を見ることができる点です。

もし、現状の問題への対処だけに意識を向けていては、どうしても視野が狭くなり、そ

の問題が解決したらもう大丈夫という発想になりかねません。

それでは、緊張感を持った経営などできないでしょう。

「常に自分はリスクとともにある」と考えることで、経営感覚が研ぎ澄まされていきます。

問題の共通点を明らかにすると見えてくること

そして、あらゆる〝よくない未来〟を同じテーブルにまとめて乗せることのもうひとつの効用は、複数の問題の共通点が見えてくるということです。

前に挙げた例で説明しましょう。

「工事中にお客様の家を全焼させてしまった」と「職人が屋根から落ちて死亡した」というのは、どちらも工事現場で起こり得る最悪の未来ですが、原因として考えられるのが、ざっくり言うと、安全管理の怠慢です。

そしてなぜそのような状況になるかと言えば、現場責任者の安全確保に対する意識が低いからです。

ということは、安全意識の高い現場責任者を配置することが、2つのリスクを回避するための1丁目1番地ということです。

現場責任者が管理するべきことは多岐にわたるので、人選が間違っていると、ドミノ倒しのように想定外の事態が発生します。

そのように考えると「あいつは少しおっちょこちょいなところもあるけれど、長年頑張っているし、そろそろ役職につけて責任者に昇格させてやるか」という情実人事がいかにリスキーなものか、再確認できます。

皆さんも、「これでもか！」というくらいに、自社にとってのよくない未来を想像してみてください。それが、最悪の未来を回避する最適な手段です。

解決策を仮説でいいから文字にする

〈仮説を立てることがなぜ重要か〉

自社にとっての〝よくない未来〟がわかったら、次にするべきことは、〝よくない未来〟を避けて、〝よりよい未来〟を迎えるための策を考えることです。

もちろん、実際には起きていない問題への対処法なので、解決策は仮説でかまいませんが、ふわっとした感覚的な解決策ではダメです。

次のような、具体的かつ順序だった解決策を考えてください。

「このトラブルの原因はAにある。Aの原因となるのはBという問題で、それを解決するためにすることはCである。そしてCを実行するためにはDとE、2つの条件が必要になる」

「実際に起こるかどうかわからない問題を解決するのに、そこまでする必要があるのか？」と思うかもしれませんね。

でも、それが必要なんです。

この思考法が、いざというときの準備になります。皆さんも火事や地震に備えた避難訓練を経験したことがあると思いますが、同じことです。日頃から訓練しておくことで、いざというとき、スムーズに対応できます。

さらに重要なのが、仮説を立てることによって、今自社にできることと不足していることがわかることです。

詳しいことはあとの項目で説明しますが、この点は非常に重要です。

現状の問題点を見つけられる

少し抽象的な話が続いたので、具体例を説明しましょう。

例えば「銀行からの借り入れができなくなった」という未来を避けるために、私は次のように考えていきます。

「銀行からの借り入れができなくなったのは、売上が落ちて利益が減り、銀行からの評価が低くなったからだろう」

⬅

それには、次のような原因が考えられます。

1　取引先に問題がある
2　取引先に出す見積もりに問題がある
3　外注比率が高すぎて利益が残らない
4　原材料を高く買いすぎている
5　ひとつの現場に時間をかけすぎて効率が悪くなっている

⬅

「それぞれ見ていくと、1は取引先は何社もあるんだから、1社くらい問題があっても、影響は少ない。5は、自分たちの仕事は危険と隣合わせなんだから、急がせて事故につながっては元も子もない」

⬅

「そうなると、解決策は2から4を改善することだ。でも、どれも結構重要な交渉事になるな」

⬅

「その交渉は、社長である自分がやるのか、あるいは社員にやらせるのか……。迷うところだが、社長の自分が一件ずつ対応していたら、会社の経営が成り立たない。とはいえ、頼りにできる社員もいない」

⬅

「でも交渉が得意な社員を新しく雇ったら人件費が増えてしまう。だったら、今いる社員の中から、交渉役になれそうな社員を育てよう」

⬅

「交渉役にふさわしい社員を考えているうちに、どうにも会社に貢献できていない社員が何人かいることに気がついた。もしかしたら、そんな社員が利益を食いつぶしてるんじゃないか？」

このように考えて、銀行から借り入れができない理由は、働かない社員が原因なのではないかという仮説にたどりつくわけです。

もちろん、この仮説にしたがっていきなり社員を辞めさせるなどということはしませんが、働かない社員がいることが、やがてとんでもない大きなリスクになって跳ね返ってくる可能性はあるのです。

最悪の未来を想像し、その解決策を考えることで、現状の会社が抱える問題点が見えてくるというわけです。

5 解決できない「壁」を全部書き出す

その壁は本当に乗り越えられない壁か

会社にとってよくない未来を思いつく限り書き出し、解決に向けた仮説を立てたら、最後の仕上げは仮説の検証です。

ここでいう検証とは、解決策を実行するための障害、つまりどのような「壁」があるかを、確認するということです。これも思いつくままに、紙に書き出してみてください。

その方法が正しいか正しくないかは気にする必要はありません。

とにかく、思いつくまま書いてみてください。

こうすることで、潜在的なリスクに現在の自社がどこまで対処できるか、客観的にわかります。

そして書き出してからが本番です。
書き出した壁を乗り越えるための方法を徹底的に考えるのです。
それこそが、このプロセスの本当の目的です。

すると、ずいぶん高い壁のように思えていたことが、よく考えたら取るに足らないようなものだったり、あるいは目線を変えれば解決できそうなことに気づいたりするはずです。

最悪の事態をシミュレーションする

例えば、私がよく相談され、しかも緊急度が高いのが資金繰りに関することです。

本来であれば、資金繰りでピンチにならないためには現預金を厚めに持っておくか、いざというときに、銀行からスムーズに融資を受けられるようにしておくことが重要です。
しかし、非常時にそんな正論を言っていても始まりません。

ではどうするかと言えば、泥くさい話ですが、世間体など気にせずキャッシュをかき集めることです。

「なんだ、そんなことか」と思うでしょう。

でも、実際にやるとなると、これはかなりの覚悟が必要です。文字通り、恥も外聞もなく周囲の人に頭を下げまくってキャッシュを集めるわけですから。

実際、普段からそのようなシミュレーションをしている人もあまりいないと思います。だからこそ、イメージトレーニングが重要なのです。

では、具体的なお金の〝かき集め方〟の一例を紹介しましょう。

まず、会社に資産があれば、どんどん売却します。不動産、社用車などなんでもいいです。事業の継続に支障が出ないものは端から売ってしまいます。また、自分にかけている保険から借り入れをしたり、すべて解約して解約返戻金を受け取る手もあります。

次に、自分の周りの余裕のある人たちに頼み込んで、自社の株を買ってもらいます。1000万円の株であれば、100万円を10人に、あるいは200万円を5人に譲渡するのです。

これでキャッシュをつくれます。

もしも資本金がそこまでなかったら、最終手段として、身内に頭を下げて借金をします。

少額を複数の人から借りたほうが貸す側も気が楽だと思いますが、なかなかそうもいかないこともあるでしょう。そのようなときの身内です。

大切なことは、「とにかく会社をつぶすわけにいかない」という熱意を相手に見せることです。

課題解決の壁の越え方のアイデアは、具体的であればあるほど効果的です。

最悪の事態をどう乗り越えるか、ぜひシミュレーションしてみてください。

PHASE 3

マインドの持ち方

1 諦めないから夢が叶う

諦められない環境・状況をつくる

夢を叶えたすべてのスポーツ選手や芸能人に、必ず共通していることがあります。
それは、〝夢を最後まで諦めなかったこと〟です。どんな困難があっても夢を諦めなかったからこそ、今があるのです。

例外はあるにせよ、経営も同じです。今ある会社が残っているのは、どんなに苦しくても、社長が諦めることなく経営を続けてきたからです。自分自身でも超ポジティブだと思いますが、私は、諦めなければ会社は倒産しないと思っています。

とはいえ、どんなに強い気持ちを持っていても、つらいときはつらいものです。正直なことを言えば、私自身、「ここで諦めたほうがラクかもしれないな」と思ったこともあります。でも、そうならなかったのは、自分の身内や仲のいい友人たちと「諦めたくないグループ」をつくっていたからです。

「とにかく諦めないんだ!」というマインドの人に囲まれていると、自分から「やっぱりムリだわ」とはとても言えません。

かつがれた神輿に乗ってグラグラしているうちに、「これは自分がやらなきゃ仕方ないな！」という気になって、気持ちを奮い立たせて立ち上がり、自分から声を張り上げて威勢の良い神輿にする。

私はそんな風に、いつも乗り越えてきました。

「困難」は自分が大物になるための権利

芸能人にしろ、スポーツ選手にしろ、いわゆる〝大物〟と呼ばれる人は、いくつもの修羅場をくぐり抜け、今の地位を築いているはずです。

だから私は、困難が降りかかってくるたびに、自分がさらに成長して大物になれる権利をもらえたような気がして、アドレナリンを大放出しているのです。

そんな話を友人にしたところ、「お前、変態だな」とあきれられましたが「変態上等！俺はもっと極めてやる！」と返しておきました（笑）。

困難という壁を乗り越えると、その壁はやがて自分の身を守る盾となります。その困難が大きければ大きいほど盾も大きくなり、どんな困難にも打ち勝てるようになります。

今の困難は、将来の強い自分をつくるために必要なプロセスです。

諦めることは、いつでも誰でも簡単にできます。でも、諦めたくないという気持ちが1ミリでもあるということは、将来の強くなった自分への期待があるということです。将来、今よりも強い自分を手に入れたら「あのとき諦めておけばよかったか？」と聞いてみてください。絶対に「諦めなくてよかった」と心から思えるでしょう。

2 心が緩む「癒やし友達」に連絡する

常に強くいる必要はない

今まで「話し相手と相談相手は違う」「ただの話し相手では問題の解決にならない」とお伝えしてきました。「ずいぶん厳しいことを言うなあ」と思われたかもしれませんが、ここまで本書を読んでくださった方には、その理由は十分理解してもらっていることでしょう。

だからここでは、あえて、ただ単に愚痴をこぼせるだけの相手と話をすることの大切さをお伝えしたいと思います。

私は、ピンチを切り抜けるために一番重要なのは、なんといっても本人のポジティブでタフなメンタルだと思っています。

特に社長という立場にあるのであれば、本人がネガティブで弱々しかったら、社員は誰もついてきません。沈む船に一緒に乗ろうと言われたら、誰だって断ります。

しかし、皆が皆、常に強くいられることはありません。時には誰かに頼り、弱音を吐くことが必要です。

リーダーが自分自身を鼓舞することは大切ですが、それだけでは心が壊れてしまいます。

「無理やりポジティブ」の末路

私がかつて相談にのっていた社長の中に、いつもテンションが高く、ポジティブな人がいました。

何かネガティブな材料が出てきて、誰がどう考えてもまずいだろうということであっても、「これはこんな風に処理すればいい結果につながりますね！」と、常にポジティブに考えているのです。

彼を見ていて「これは一種の才能だな」と感じる一方で、「何かムリしてないかな、大丈夫かな」という不安も感じていました。

その社長からの連絡がしばらくなくなり、どうしたのかなと思っていたところ、共通の知り合いから「○○さん、ひどいうつになって入院しているらしいですよ」という話を聞きました。

「え、そうなの？　会社はどうなったの？」と尋ねると「ナンバー2もいなかったらしいですから、かなり苦労しているみたいですね。いま必死にスポンサー探しをしていると聞きましたけど」とのこと。

やはりその社長は、自分自身に相当の負荷をかけ、その結果、誰も望まなかった状況を招いてしまったのです。

今まで、私がお伝えしてきたことと矛盾するように思うかもしれませんが、頑張るだけでは心は擦り切れてしまいます。そしてその結果は自分だけでなく、社員や取引先など非常に多くの人に心配と迷惑をかけることになってしまいます。

「これはきついな」と思ったときは、気兼ねなく弱音を吐ける。そんな相手が、誰にとっても必要です。

ちなみに、愚痴をこぼすのに最適な相手は、普段から自分のことはあまり話さず、口が堅く、ただあなたの意見に共感してくれる人です。

広い意味で自分を助けてくれる、そんな仲間を探しておくことも、重要だと思います。

PHASE 4

対処の開始（応急処置）①

1 ピンチの原因を確定する

物事を単純化することの罠

インターネットで「売上が低下するたったひとつの原因」といったタイトルの記事を見ると、気になって、つい読んでしまうという人は多いのではないでしょうか。

普通に考えれば、入り組んだ問題の原因がたったひとつということはありえませんが、人間はどうしても物事を単純化したがります。

「ウチの会社の業績が悪いのは社長がダメだからだ、上司がダメだからだ」という不満を抱く社員がいますが、では、その社長や上司がいなくなったら急に業績が向上するかと言えば、そんなはずはないでしょう。

致命的なものから軽微なものまでレベルはさまざまですが、問題の原因はいくつもあるのが普通です。

そして、ひとりで悩んでいると、自分の感情や過去の経験に惑わされ、つい「あいつが悪い」「これが問題だ」と決めつけがちになり、その結果、本当の原因を見誤ってしまいます。

多角化経営がうまく進まなかった本当の理由

ここで、ひとつの事例を紹介しましょう。

建設業を営んでいる知人が、多角化経営ということで美容エステサロンの経営に乗り出したときのことです。

なぜエステなのか、その理由を尋ねると、社長は「袋さん、うまくいくとエステの利益率って、すごくいいんですよ！　これはチャレンジするべきです」

意気込んでいた彼ですが、どうにも軌道に乗らず予想に反して赤字続きという、困った状態に陥りました。

「やっぱり、多角化経営なんて、自分の器じゃムリだったんですかねえ……。建設業に専念して、エステは閉めたほうがいいでしょうか」

弱りきった表情で私のもとにやってきたので話を聞いてみると、エステの売上は順調に伸びています。

――何がいけないんだろう？

そう思って改めて帳簿を見てみると、なんと経費の使いすぎ。従業員の人件費と、多額の交際費が利益を圧迫していたのです。

「いつ予約が入っても問題ないように従業員を多く抱えている」と彼は説明しますが、

それで利益が出なくなっては、本末転倒です。

しかも、従業員の中には仕事へのモチベーションが低く、同僚にサロンを悪く言ったりして、せっかくやる気のある従業員まで巻き込んで、〝仕事やる気ないグループ〟をつくろうとしている者もいるそうです。

また、その社長はエステ業界の羽振りのいい先輩たちに顔を売るために、毎晩のように会食を重ねているらしいのですが、交際費で1か月に100万円近く使っているのも問題です。

そこで私は言いました。

「これは多角化の問題ではなくて、単に人とお金の使い方がおかしいと思うよ。まず、態度の悪い従業員を切ること。それから、見栄を張って高い店での会食をしないこと。これで雰囲気もよくなって出費も抑えられるはずだよ」

一時はエステサロンを手放すつもりでいた彼でしたが、私のアドバイス通り社員を減らし、経費を見直したことで、次第に軌道に乗り始めました。

もし不調の原因が多角化にあるのだと思ってサロンを閉めていたら投資資金は回収できず、苦境は深まっていたかもしれません。

うまくいかなくて自信をなくしているときほど、人は正しい判断ができなくなっているものです。そのようなときは、ぜひ第三者の意見を聞いてください。

第三者の意見を聞く大きなメリットは、自分の強い思い込みを正すことができたり、自分の考え方の盲点に気づけたりすることです。そこで冷静になれば、自分の解釈とは違う問題解決策があることがわかり、行動を修正することができるのです。

2 6人の賢人に話す
——従業員、家族、パートナー、友人、同業他社、異業種

他人だからこそわかることがある

一流のアスリートには必ずコーチがついています。第三者から欠点や問題点を指摘してもらうことで、より高いパフォーマンスが引き出せるようになるからです。

ピンチに陥っている経営者も同じです。自分ではよかれと思っていたことが、実は逆効果だったということが、他人に言われて初めてわかったりするのです。

会社がピンチになったときには、ぜひほかの人に「ウチの会社の問題点って何だと思う？　耳の痛い話を聞かせて」と頼んでみてください。

その相手としておすすめなのが、私が「ピンチを救う6人の賢人」と呼んでいる次のような人たちです。

●**従業員**……社長が気づいていない問題点をいち早く認識している可能性が非常に高いです。

●**家族**……昔からの悪い癖や、うまくいかないときの傾向をよく知っています。

●**パートナー**……日常生活の中に潜んでいる自分の問題点を指摘してくれます。

●**経営をしている友人**……経営的な問題点に加え、社長としてのパーソナリティという側面からもアドバイスをもらえます。

●**同業他社の経営者**……業界内のトレンドや業界特有の最新事情などを教えてもらえます。

●**異業種の経営者**……同業者とは異なる視点での新たな発想を導くヒントなどをもらえます。

「耳の痛い話」を聞くもうひとつの目的

実は「耳の痛い話」を聞かせてもらうことには、自分では気づかなかった問題点を知るだけではない、別の目的もあります。

それは、自分のモチベーションを上げてもらうということです。

どのようなシチュエーションで話を聞くことになるかはわかりませんが、話が話だけに、会社の会議室ということはないでしょう。なんとなく親密な雰囲気の会合になると思います。

では、およそ2時間の会食だとして、その間中ずっと相手がこちらにとって耳の痛い話だけをストレートに語り続ける様子は、なかなか想像しにくいと思いませんか？

普通の感覚の持ち主であれば、さんざん耳の痛い話をした後、相手をなぐさめようと思うもの。

「いろいろ言ったけど、お前はよくやってるよ」「とても自分ではできないことをやっていて、本当にすごいと思う」「これからも頑張って。応援してるから」など、ねぎらいの言葉をかけてくれるでしょう。

ひどいことを言い続けることによって人間関係が気まずくなるのは、誰だって避けたいはずです。「少し言い過ぎたかな」「もしかしたら傷つけたかな」と後ろめたい気分もあるでしょう。

だからこそ、ほとんどの場合、最後はこちらのモチベーションを上げてくれるのです。

少しずるく、また図々しい考え方かもしれませんが、自分の問題点がわかり、しかもモチベーションも高めてくれる「６人の賢人作戦」は、ぜひ実践してみてください。

3 耳の痛い話こそ書き記し、何度も眺める

文字にすることが行動につながる

６人の賢人から聞いた、耳の痛い、けれども自分にとって有意義だった話は、聞きっぱなしではダメです。「確かにそうだな。ここは改めよう」と思っても、一晩経てばその想いが薄れてしまったり、忘れてしまうのが人間です。

だからこそ自分への戒めとして、耳の痛い話は文字に残し、いつでも見られるようにしておいてください。それによって、自分の行動を変えることが可能になります。

例えば、経営者仲間から「未回収の売掛金が多すぎない？　お人好しすぎるよ」といった指摘をされたのであれば「○月△日までに、最低でも半分の未回収分を集金する」などと紙に書くなり、スマホにメモをするなりして、いつでも見られるようにしておきます。するど、その文字を目にするたびに、指摘を受けたときのことがよみがえってきます。

そして「今やるべきことはこれだ」と思い直し、「よし、まず相手に連絡をとろう」「こんなことを言われたら、こう切り返そう」「確実に回収するためには、誰かにアドバイスをもらったほうがいいな……。そうだ、○○さんに相談しよう」と、どんどん思考が具体的になり、行動につながっていきます。

課題ノートをつくる

文字にすることに加え、もうひとつおすすめなのが「課題ノート」をつくることです。

これは、６人の賢人に言われたことだけでなく、自分で気がついていることも含めて、課題だと感じていることを思いつくままに書き、その改善のためにした行動を記録していくノートです。

例えば「1日1回、部下を褒める」「1日３件は自分が率先して営業をかける」などの課題や、自分がやろうと思っていることをノートの左側に書き、右側にどの程度実践できたか、記録をつけていくのです。

このノートを見れば自分のやるべきことがすぐにわかり、また記録をつけていくことで「自分はこれだけ毎日努力しているんだ」という自信になります。

課題ノートをどんどん埋めていくことで、かつての不安材料はなくなり、ステージが上がった気持ちになる。そしてそれによって新たな課題が見つかり、解決することでまたステージが上がり……と、メンタル面でいい循環が生まれていきます。

まずは課題を文字にして自分の心に焼きつけること。ぜひ、そこから始めてみてください。

4 「主観原因」と「客観原因」を検証——ズレに気づく

問題の原因は本当はどこにあるのかを見抜く

問題の原因を探る際に、本人が考える「主観的な原因」と、他人から見た場合の「客観的な原因」には、ズレがある場合が少なくありません。

常に自分が正しいわけでも、あるいは他人が正しいわけでもありません。また、どちらか一方の言うことが全面的に正しいということでもありません。

本当の原因は、そのズレの間にあることが多いのです。

具体例を挙げましょう。

ある保険代理店を経営しているA社長という友人がいます。

保険代理店というとノルマが厳しく、また体育会的なノリのために定着率が悪く、社内の雰囲気も（言い方は悪いですが）殺伐とした感じの会社が多いイメージがあります。

しかし彼の会社は、全体的に明るいムードで定着率も悪くありません。というのも、彼自身は非常に優秀な営業マンではあるものの、体育会的なノリが好きではなく、社員の意見を大切にする営業スタイルをとっていて、いわば民主的な会社経営をしているからです。

ただ残念なことに、彼が期待しているほどには営業成績が上がらず、本社からの評価は低いまま。ついに最後通牒めいたことを言われるまでになってしまったのです。

自分なりに頑張っているのに今ひとつ社員のモチベーションが上がらない状況にA社長は危機感を抱き、別業界で高い利益を上げているB社長に、社員のモチベーションの上げ方について相談に行きました。

新しい視点をどう取り入れるか

そのとき、A社長は、社員のやる気を引き出すセッション方法をB社長から聞こうと考えていたそうですが、B社長は、一刀両断、こう言ったそうです。

「その考えは甘いですよ。ボトムアップ型と言えば聞こえはいいですが、時間がかかりすぎるし、社員から会社を甘く見られます。今は非常時なんだから、社長が率先して契約を取ってきて、少しムリをしてでも、社員にも同じことをやらせないと。このままだと、会社が続きませんよ」

全面的には受け入れづらい部分があったものの、A社長は、B社長の言うことも一理あると感じたので、会社がピンチであることを社員に伝え、経営スタイルを変えて、自分が先頭に立って営業を進めていくこと、社員はそれにならって顧客を獲得していくこと、という話をしました。

A社長は、社員が全員辞めてしまうかもしれないと覚悟をしていたそうですが、意外にも退職者はほとんどなく、皆、社長が頑張っている様子を見て俄然営業活動に取り組み始めたそうです。

その結果、営業成績は急上昇し、本社から感謝状を送られるまでになったとか。

A社長は「自分はもしかしたら、いい社長になろうとして、社員に気を使いすぎていたのかもしれませんね。特に、営業に特化した会社なら、上意下達的な体育会っぽい雰囲気もある程度は必要なんだということがわかりました」と話していました。

今、その代理店はボトムアップの要素も取り入れつつ、基本的には社長が会社を引っ張る方向でうまくいっているそうです。

万事がこんなにうまくいくとは限りませんが「自分のやり方」に固執せず、客観的な視点も大切だということです。

5 原因は最大公約数化せず〝1個ずつ〟解決する

思いついた「原因」に飛びつかない

会社がピンチに陥っているときは、どうしても気持ちに焦りが出て、「ここが問題だな。

ではこれを解決しよう」と、結論を急ぎがちです。ですが「急いてはことを仕損じる」という諺の通り、その方法だけではピンチを脱するのは難しいでしょう。

スピーディーに問題を解決してピンチを脱するためには、一見遠回りに思えても、ピンチの原因となっている問題点の解像度を上げ、何をするべきか明確にすることが重要です。

例えば累積赤字がかさみ、債務超過になりかねないような場合、経費の削減のほかに売上を伸ばすことは必須です。

すると、「よし、営業を頑張ろう！」という結論になりがちですが、ちょっと立ち止まってほしいのです。

今までも営業活動をちゃんとやってきて、それでも売上が伸びていないということは、これから先、同じ方法で訪問数を増やしても、たぶん効果はほとんどないでしょう。

ならば「営業を頑張ろう」という最大公約数的な問題解決法ではなく、逆に問題を因数分解して、ひとつずつ原因を見つけ出し、対処法を考えるほうが、成果が上がる確率は高くなります。

問題の解像度を上げる

営業を頑張ってもなぜ成果が出ないのかというと、契約にたどり着かないからです。ではなぜ契約をとれないのかといえば、お客様が「今すぐこの商品がほしい」「この商品が私には必要だ」と思わないから。

なぜ必要だと思わないのかは、そもそもニーズがないのか、あるいはお客様に「ほしい」と思わせることができていないかのどちらかですが、ある程度の販売実績があり、また、営業部員によってはきちんと契約を取ってきているのであれば、問題は商品にあるのではなく、ニーズに合わせたプレゼンができていない営業部員が多いことなのではないかという仮説が成り立ちます。

そうであれば、今やるべきことはむやみに訪問数を増やすことではなく、お客様をその気にさせるプレゼンができるように、営業部員を教育することです。

ここで「じゃあうまいプレゼンができるようになろう!」と言っても、まだ解像度は低いままです。現在の営業部員のプレゼンのどこに問題があるのかがわからなければ、話は違う方向に進んでしまいます。

契約書にハンコを押してもらうためには、お客様が何を必要としているのかを聞き出す傾聴力、ニーズに合った商品特性を説明できる知識、値引きやサービスを求められた際の臨機応変な対応力など、いくつもの能力が必要です。

ここでようやく、どの部分の教育に注力すれば、今の苦境を早く抜け出すことができるのかを考えて、具体的な対策を立てられるようになるというわけです。

最大公約数的な問題意識で対策を進めるのは、目隠しをしてもぐらたたきをしているようなものです。

しっかりと問題の解像度を上げていきましょう。

6 解決のための仮打ち手を5個以上考える

大切なのは、まず「動き出す」こと

「仮打ち手」、聞き慣れない言葉だと思います。これは文字通り、問題解決に向けた「仮の」打ち手です。

大切なのは、仮打ち手を考え、「とりあえず動いてみる」ことです。

本格的な打ち手を考えてから行動しようとしていたら、時間だけ経ち、結局動けないままになってしまうということが往々にしてあります。

それよりも「これ、いいんじゃない？」というアイデアがあれば、とりあえず、できそ

うなものからやってみることです。

そうすることで、新たに応援してくれる人が現れたり、あるいは「ここをこうすれば、もっとうまくいくかも」というヒントが見つかります。


仮打ち手は5個以上用意しておくことが必要ですが、その理由は2つあります。

まずひとつは「これがダメなら次はこれ」と、どんどん次善の策を繰り出せるということです。もしひとつしか打ち手がなくてそれがうまくいきそうもなかったら、そこで立ち止まって最初から出直しになってしまいます。それはあまりにも時間がもったいないですよね。

利害関係者を巻き込んで打ち手を考える

そしてもうひとつの理由が、自分の利害関係者にも案を出してもらうためです。

要は、自社が倒産したら困る人たちを巻き込んで、ピンチを乗り切ろうということです。

虫のいい話だと思いますか？　でも、もし皆さんの会社が本当に倒産したら、商品の仕入れ先や下請けの業者さん、場合によっては末端のお客さん、そして自分の家族といった、非常に多くの人が困ってしまいます。

それは誰も望まない未来です。だからこそ、皆さんに力を貸してもらい、ピンチを乗り越えるのです。

もちろんそのためには、自社の状況を嘘偽りなく正直に話し、真摯な気持ちでアイデア出しをお願いしなくてはいけません。

そして、アイデアをもらったら、社長が先陣を切って取り組んでください。

「いい打ち手を教えてもらったわー」などと社長がのんきに構え、社員を動かしているだけでは誰も本気で助けようとは思ってくれません。

社長が自ら汗をかいてピンチを切り抜けようとするからこそ、応援してもらえるのです。

ぜひたくさんの味方を集めて、ピンチを乗り切ってほしいと思います。

PHASE 5

対処の開始（応急処置）②

1 誠意ある対応で〝延命措置〟を

「ピンチのときに〝企業理念〟なんて……」と思ったら大間違い

不祥事を起こした企業の社長が「創業の初心に立ち返って……」などと話しているのを聞くと「初心がどうこう言っている場合じゃないだろう」と思うことはありませんか？

しかし私は、ピンチに陥ったときこそ、起死回生のために企業理念に立ち返るべきだと考えています。

特に創業社長の場合、企業理念を決めるときには、どんな会社にしたいのか本気で考えたはずです。そしてその理念のもとで経営に取り組み、いくつもの困難を乗り越えて会社の価値を高めてきたことでしょう。

そう考えれば企業理念に沿った経営というのは、その会社にとっての勝ちパターンということです。

だからこそ、ピンチのときは企業理念を再度かみしめるべきなのです。

原点に立ち返り、業績が回復！

こんな話をするのは、実は私自身、企業理念に救われた経験があるからです。それまで順調だった契約が思うように取れなくなって悩んでいたとき、知り合いの経営者に「袋くん、初心を忘れてない？　ピンチになったら、企業理念を思い出すことだよ」と言われたのです。

正直なところ半信半疑でしたが、会社に戻って、改めて額に入れてある企業理念を見てみました。

そして、ハッと気づいたのです。

私の会社、リアルヴィジョンの企業理念は「挑戦」「感謝」「誠実」です。

——言われてみれば、最近、ちょっと調子に乗っていたかもしれないな。

当時は業績が勢いよく上向きになっていたので、もっと売上を伸ばそうとして、相手先で少し〝盛った〟ような営業トークをしていました。

もちろん、嘘をついているわけではないのですが、相手から見たら「本当に大丈夫なのか？」と思われても仕方なかったかもしれません。

でも当時の私は「これならうまくいくはず」と思っていたのです。

結果、当ては見事にはずれ、商談相手から冷ややかな目で見られるようになってしまったというわけです。

考えを改めるヒントになったのが、企業理念の「感謝」「誠実」でした。

うまくいっていたときは相手の要望にしっかりと応え、いい加減なことを言わない誠実な営業スタイルで、商談が成立したときは相手に感謝の気持ちを込めて（コストのかからないものではありますが）喜んでもらえそうなサービスを提供していました。

それこそが、自分たちが社会に貢献してきた価値なのです。

「ああ、今の自分は調子に乗って、この理念を忘れているな」

そう思い直し、初心に返った気持ちで「誠実」な営業を心がけ、お客様にはしっかりと「感謝」を伝え、地道な顧客開拓や他社がやりたがらない業務にも「挑戦」を続けていったことで、契約数は増え始め、過去最高の売上を更新できるようになったのです。

企業理念を実践することが勝ち筋です。

そして、社会に提供してきた自社の価値を信じることです。

ピンチに陥ったら、自分の軸を思い出し、心を整えてください。

復活はそこからスタートします。

2 「謝罪」と「説明」2つの誠意対応

謝罪には必ず社長が出向く

取引先や他社との間でトラブルになったとき、もっともやってはいけないのが、嘘をついたり、言い訳を並べ立てることです。

「そんなの当たり前だろう」と思いますよね。

しかし、自分たちの責任でトラブルが発生したとき、取引先を怒らせたくないばかりになんとかごまかそうとした経験は誰にもあると思います。

でも、いずれはつじつまが合わなくなり嘘はばれ、しかもその間に事態は悪化する一方……。いいことは何ひとつありません。

まずやるべきことは、代理を立てるのではなく社長自らが相手先に出向き、「謝罪」をして「ことの顛末、現在進めている対応策」を、誠意を込めて説明することです。

たまに「最初からトップが出張って相手が納得しなかったら、次に出ていく人間がいなくなる。まずは担当者とその上司が行くべきだ」と言う社長がいますが、ただ自分が行きたくないだけというのがバレバレです。

社員が1000人単位の大企業ならいざ知らず、中小企業であれば、トップ自らが真っ先に誠意を見せるのは当然です。

子供がやってしまったことの謝罪は親がするものでしょう？　それと同じことです。

すべてを自社の責任にする必要はない

お詫びの気持ちを伝えたら、次はトラブルの原因を正直に話します。このとき、もし他社も絡んでいる事実があるなら、それも伝えるべきです。

例えば何かの工事を請け負い、その代金が入金されたら下請けに費用を支払おうと考えていたケースで、元請けからの入金がない場合、ただ単に「期日に遅れそうです。すみません」だけではなく、元請けからの入金がないこと、そしてその理由を、言い訳がましくならないように説明します。

「ウチも元請けさんからの支払いがないのです。今まではこんなことはなかったので、支払いも〝なあなあ〟でやってきました。そこはウチの落ち度だったと思っています」と、こんな具合です。

そして「これからはきっちりと書面を交わしてやっていくつもりですが、今回の件は、それを待たずに最優先で元請けさんと話をして。必ず取り戻します。少し時間をいただけないでしょうか」と、相手に迷惑をかけていることの認識と対応策を説明します。

こうすることで「いい加減なことを言っているわけじゃなさそうだ」という印象を持ってもらえます。

もちろん、それで納得してもらえるかどうかは別の話ですが、それでも社長が直接謝罪に出向き、誠心誠意の説明をすることで、相手の感情はかなり和らぎます。

キツいとは思いますが「謝罪と説明は社長にとっての晴れ舞台だ」くらいの意識で臨んでください。

3 「今すぐやるべきこと」に〝0・1秒〟でとりかかる
――時限爆弾をオフにする

「やる気スイッチ」はこう入れる

やらなければならないことを「まだいいだろう」と先延ばしにしてしまうのは、人の〝性《さが》〟です。

しかし会社の非常時にそんなことをしていては、倒産まっしぐらです。

解決策を思いついたら、正解か間違いかわからなくても、とにかく動いてみる。そしてその結果が正しければそのまま動き続け、間違っていたら、正解にたどりつくまで別のアイデアを試してみる。

必要なのは素早い行動です。

しかし、そのような瞬発力のある人はあまりいません。なんだかんだと言い訳をして、なかなか新しいことにとりかかれないというのが普通です。

そこで試してほしいのが「これをしたらやるべきことにとりかかる」という〝スイッチ〟を決めることです。

部屋のスイッチを押すと明かりがつくように、その〝スイッチ〟を入れたら、自動的に行動に移る仕組みを自分の中につくるのです。

例えば

・「やるぞ！」とつぶやいて、両手をパチンと叩いて勢いよく立ち上がる
・鼻から息を吸ってゆっくり口から吐く深呼吸を20回する
・空を見上げて「よし！」と気合いを入れる

など、方法はいろいろありますが、要は自分に合ったスイッチであればなんでもかまいません。

「スイッチを入れても動かずにいると、なんだか落ち着かない」というくらいまで、スイッチ→行動！　を自動化してしまいましょう。

自分のモチベーションの上げ方も考える

また、瞬間的なスイッチを入れることに加え、自分はどのようなシチュエーションだとモチベーションが上がるのかを知っておけば、その状態でスイッチを入れることができるので、さらに〝すかさずとりかかる〟ために有効です。

私の場合ですと、次の2つが効果的です。

①静かな場所でたたずむのでなく、雑踏の中に混じってみる

静かなところは集中力を高めるにはいいかもしれませんが、社会から断絶されているような気分になります。反対に人混みの中にいると、社会とつながっている感じがして「よし、この中でいい仕事をしよう」という気になります。

②「こうなりたい」ではなく「こうはなりたくない」という姿を想像する

先輩の経営者で、倒産を経験したことがある人がいます。かつて経営していた会社がリーマンショックで倒産し、生活のために、体力的にきつい建設現場や警備員、マンション管理人などの職を転々としていたのですが、知人に経営を任された会社が軌道にのり、経営者として返り咲いた方です。

その方も倒産後に職を転々としていたときは、自分の子供よりも年下の若者に罵倒されたり、理不尽なことでキレられたりということが続き、夜も眠れない状態が続いたというのです。

私は性格的にそのような状況には耐えられそうにないので、「会社を倒産させるとこのような生活になるのだ」と、肝に銘じています。

そしてそれを反面教師として「そうならないように頑張ろう」とモチベーションを上げるのです。

「やるべきことはすぐにやる」「モチベーションの上げ方を知っておく」ことで会社は救われます。

4 〝やれないリスト〟が損害を最小限にする

「思いつき」を口走らないために

自社が引き起こしたミスやトラブルで相手の会社に迷惑をかけてしまうと、どうしても引け目を感じて弱気になりがちです。

そのようなとき、あせってしまったり、なんとか相手の怒りを鎮めようと、ついできるはずのない対応策を口走ってしまったことがあるかもしれません。これは絶対にやってはいけません。

『できる』と言うから信じていたのに、やっぱりできないじゃないか！」と、相手の怒りはさらにヒートアップしてしまいます。

その場しのぎの対応は、確実に二次災害を引き起こすといっていいでしょう。

そこで、二次災害防止のために有効なのが、トラブル対応として「やれないリスト」を作成することです。

ここには「どう考えてもできないこと」や、「無理をすればできなくはないが、その結果、自社が立ち直れないほどのダメージを受けること」を思いつく限り書いていきます。

例えば、当月100万円の支払いができなかったのに、月末までにいままでの未払金と合わせて500万円を払う、あるいはどう考えても最低3か月の時間を要するシステムの修理を1か月でやる、といったことをどんどん書いていくのです。

会社や社長の資産を片っ端から売り払えばできることもあるかもしれませんが、会社は消滅し、社長自身の生活も立ち行かなくなります。

相手の怒鳴り声を聞きながら、一瞬「これならできるかも」と思いついた〝にわか対応策〟は、必ず自分を不幸にします。周囲だけでなく、自分自身への被害を最小限にするためにも「やれないリスト」は必ずつくってください。

「やれないリスト」は実は「やれるリスト」

さて、ここから、今までの内容とは矛盾したようなことを話します。

「やれないリスト」をつくることは、実は「やれるリスト」をつくることでもあるということです。

「思いつく限りの〝やれないこと〟を書いてください」とお伝えしましたが、人間とは不思議なもので「あれもやれない、これもやれない」と考えているうちに、次第に「あれ？　これはもしかしたら頑張ればできるんじゃないか？」と気がつくのです。すると、今まで「やれないリスト」に入っていたことが、ひとつ、ふたつと減っていきます。

自分のメンタルをどん底に追いやれば追いやるほど、逆のバネが働き始め、いつの間にかクリアな頭で、冷静にファイティングポーズを取れるようになっているというわけです。しかもここで生まれた「これならできるんじゃないか？」ということは、相手の圧に押されて出てきた苦し紛れではないので、自社を破滅させるものでもありません。

つまり「やれないリスト」が「やれるリスト」に様変わりし、トラブルというピンチを飛躍へのチャンスと捉える、ポジティブなメンタルにもなれるのです。

火事場の馬鹿力とはよく言ったものです。ピンチのときこそ自分で自分を危機に追い込んでポテンシャルを引き出す「やれないリスト」を必ずつくってください。

5 こまめな進捗報告が相手を安心させる

トラブル対応に活かす「ザイオンス効果」

マーケティング用語に「ザイオンス効果」という言葉があります。

簡単に言えば「人は接触回数が多いものほど好きになる」ということです。

例えばビールを買うとき、気がつくとついCMでよく見るものを買っていたという経験はありませんか？　それがザイオンス効果です。

ザイオンス効果は、顧客との関係性の向上にも使えます。

特にトラブル発生時、状況と進捗の報告はこまめに行ったほうが信頼感は高まります。

トラブル対応の場合など、「何を言われるかわからないし、できるだけ連絡したくない」というのが本音かもしれませんが、そのような場合こそ、頻繁に連絡を取ってタイムリーに進捗状況を伝えて、相手を安心させることが大切です。

たまに「あまり頻繁に連絡をすると、相手にうるさがられるんじゃないか」と妙な気配りをする人がいますが、それは違います。

トラブル時に「なんで連絡してこないんだ!」と怒る人はいても「なんでそんなに頻繁に連絡をしてくるんだ!」と言って怒る人には会ったことがありません。

進捗報告するから行動するようになる

こまめな進捗報告をすることは、相手の安心や信頼感を高めるだけでなく、自分自身にもプラスになります。

進捗報告には、前の報告内容から、何かしらの変化、しかもよい方向への変化があることが理想です。

毎日「特に変化なし」という報告では、いくら接触頻度が高くても相手を怒らせるだけでしょう。

信頼感を高める報告をするためには、とにかく行動する必要があります。つまり、こまめな進捗報告は、行動のための動機づけになるのです。

そしてその行動は、トラブル対応を通じて自分の会社を良くするための行動にもなります。まさにいいことづくめです。

さて、それほど重要な進捗報告ですが、伝え方にもポイントがあります。報告というと、つい日頃の癖でメールやＳＮＳを使ってしまいがちですが、ここはまずは「直接会って話をする」ことが正解です。

手間をかけずにデジタルツールでサクッと済ませてしまいたくても、あえて手間暇をかけて直接会いにいくことで、相手の心を動かせます。

「ここまで自分のために時間を使っているのか」ということが伝われば、悪い気がする人はいません。

もちろん相手にも都合がありますから「○○の件で進捗報告をしたいので、これからうかがっていいですか？」とまずは電話で先方の予定を確認します。

タイミングが合わなければ「じゃあ、今回はこの電話で簡単に報告させてもらいますね」と伝え、電話も難しそうであれば、ここで初めて「では、今回はメールで報告しますね」と、伝え、メールを送ります。ＬＩＮＥなどのＳＮＳで報告するのは、どの方法も使えないときの最終手段だと思ってください。

起きてしまったトラブルも、処理方法によっては、相手のさらなる信頼を得るチャンスになります。

伝えるたびに信頼感が増すような進捗報告を目指しましょう。

6 トラブル対処には「攻め」と「守り」がある

トラブルの結果のマイナス状況をプラスに変える

105ページで「ピンチをチャンスに変える」というお話をしました。大なり小なりトラブルを処理するときには、誠心誠意お詫びをするのは当然ですが、それだけでは、単にピンチを切り抜けるだけです。

それに加え、私は常に、お客様が足りていないと感じているもの、不便に感じているだろうことを、自社が強みとするサービスで埋めてあげることで、「このピンチをチャンスにすることはできないか」と考えます。

このように書くとなんだか偉そうですが、私の中では、怒っているお客様の肩もみをしながら、相手の困りごとに寄り添っているイメージです。

こちらの責任でトラブルになって相手が怒っているというのは、明らかにマイナスの状況です。そのマイナスをゼロに近づけることで状況はある程度改善しますが、さらにプラスαのサービス提供に努めることによって、相手との関係は今まで以上に良好になるケースが多いと感じています。

そのためにはまず、相手が何を必要としているのかを知る必要があります。

ではここで、具体的に私の例を紹介しましょう。

あるビルオーナーの所有物件に、太陽光発電を導入したときのことです。

太陽光発電には補助金が出るので、実勢価格よりも相当安価に導入できますが、補助金の計算は非常に複雑なために、うっかり勘違いをして、本来の補助金よりも、やや少ない金額で申請してしまったことがあったのです。

気づいたときにはもう手遅れ。修正もできず、結果、お客様に損をさせてしまいました（ちなみに現在ではシステムを改修し、このようなミスは絶対に発生しないようになっています）。

もちろんお客様には嘘偽りなく正直に話し、誠心誠意お詫びを伝えました。

ただ私は、それだけでは何か足りないような気がしたのです。

相手の「困りごと」をしっかりと把握する

補助金の計算を間違えたというマイナスを、プラスに変える方法は何かないものか。そのときひらめいたのが、自社の強みであるセキュリティ対策のサービスを提供しようということです。

そのお客様は、ビルの裏口のセキュリティに問題があると、よく話していました。ただコスト面で、なかなか手を出せなかったようなので、「今回のお詫びとして無償でセキュリティシステムを設置します」と申し出たところとても喜ばれました。

さらに「気になる箇所がもう少しあるので、相談にのってほしい」と言われたのです。

私としても、ミスを取り戻しただけでなく、自分たちの強みを無料で知ってもらうことができ、ひとつのチャンスをつかめたと感じています。

トラブルをチャンスに変えるためには、相手をしっかりと見て、困りごとを捉えること。そしてよかれと思ったことは、とりあえず申し出てやってみることです。

相手も「自分のために想定以上の動きをしてくれているんだ」と思えば、喜んでくれるものですから。

PHASE 6

問題の解決にあたっての深堀りワーク①

1　未来フォーカス（未来の最善・最悪を想像し〝落ち着く〟）

よいことも悪いことも実は〝表裏一体〟!?

「長所と短所」についての質問は就活の定番ですね。「あなたの長所は？」という質問に「○○です」と回答し、次に「では短所は？」と聞かれると「はい、○○の裏返しで……」と答えるのは、もはや伝統芸能と言ってもいいかもしれません。

つまり「長所と短所は表裏一体」ということですが、この「表裏一体」という考え方は、個人の意識改革や会社の経営改善のワークにも応用できます。

以前、私の会社で社員に、自分の長所と短所を50個ずつ書いてもらったことがあります。皆、短所は30個以上書けるにもかかわらず、長所は10個も書けずに困っていました。これは、社員が自分の短所をポジティブに捉えるためのいい機会だと思い、こんな話をしました。

「短所に『太っている』と書いている人がいるけど、これは『自分はご飯がたくさん食べられる丈夫な胃腸を持っている』ということだよね。こう考えれば、太っていることは短所ではないよね」

反対に、長所でも行きすぎれば短所になることも指摘します。

「長所に『粘り強くひとつのことに打ち込める』とあるのは、もしかしたら『ひとつのことに時間をかけすぎている傾向がある』かもしれないな」

このようなイメージで捉えてもらえれば、「表裏一体」の考え方がわかりやすくなるのではないでしょうか。

コンサルいらず!? 経営を改善する「表裏一体ワーク」

先ほど「表裏一体の考え方は経営にも役立つ」とお伝えしたように、私は定期的に、現状のよいところと悪いところを書き出す「表裏一体ワーク」をやっています。

これは、トラブルや経営上の問題の芽を摘むのにとても役立つので、皆さんにもその方法を紹介します。

まず横書きのノートのページを縦方向に半分におり、左側に、現状でよくないと感じていることを思いつくままに書いていきます。数に決まりはありませんが、50個もあれば十分でしょう。

続いて、ページを改めて、同じようにノートを縦半分に折った右側に、現状で感じているよい点を書いていきます。こちらも50個もあれば十分です。

悪い点、よい点を書き終わったら、悪い点の右側にその裏となるよい点を書き、よい点の左側には裏となる問題点を書いていきます。

これで「表裏一体」の完成です。例えば、次のようなことです。

〈表の悪い点〉
1個あたりの単価が安い
〈裏となるよい点〉
付加価値をつけて単価を上げる余地がある

〈表の悪い点〉
社員の定着率が低い
〈裏となるよい点〉
モチベーションの高い社員だけが残り、少数精鋭で活躍できる可能性がある

〈表のよい点〉
大口の顧客が増えてきた
〈裏となる問題点〉
契約解除や不払いが1件あるとダメージも大きい

〈表のよい点〉
原価率を低く抑えられている
〈裏となる問題点〉
あまりに低い場合、どこかに問題があるかもしれない

そして「裏となるよい点」を実現し、「裏となる問題点」への対応を進めていきます。その結果、会社の状況はよい方向に進んでいきます。

この「表裏一体ワーク」をやっていれば、経営コンサルタントなどは不要かもしれません。ぜひ試してみてください。

裏の悪い点

- 会社全体の売上がAさん頼みになってしまっているため、ほかの営業マンにプレッシャーがなくなり、以前のように必死に頑張らなくなった。もしAさんが辞めてしまった場合、売上の激減が予想される

- 高利益率は仕入れ額が安いことに頼ってしまっているため、仮に仕入れ先が同業他社と同等の金額に釣り上げてきた場合、一気に利益率が落ちてしまう

- 料理の提供が遅い可能性がある。ランチタイムをゆっくり取れる客層の利用が減った場合、今のままの提供時間では選ばれなくなるかもしれない

- 社員ファーストになりすぎていないか？　他社と比較して賃金や労働条件が甘すぎないか見直しが必要

裏のよい点

- さまざまなお客様のニーズに合った商品をピックアップして提案ができる。多様性のあるサービスが提供できるので、傾聴力があって商品知識の高い営業マンが伸びる職場環境になる

- ほとんどの社員が営業に特化して、受注となった際にはエンジニアの多い会社へ仕事の依頼すれば、固定の人件費を抑えられる

- 他社との安売り競争に巻き込まれないために高品質な付加価値を提供する。独自のサービスを生み出す絶好のチャンス

- 売上が減る理由が明確なので、改善する策も出しやすい。雨天時だけポイント2倍や割引きのサービスをするなど、ピンポイントでチャレンジできる

表裏一体ワーク

表のよい点

通信機器営業会社 Ⓐ
・即戦力となる営業のAさんが入社してから売上が激増

革製品販売店 Ⓑ
・同業他社よりも商材を安く仕入れることができるため利益率が高い

飲食店 Ⓒ
・ランチタイムに行列ができるようになった

家具メーカー Ⓓ
・中途社員の離職率がゼロに近い

表裏一体ワーク

表の悪い点

オフィス機器総合販売会社 Ⓔ
・主力商品がなく、お客様に何がメインの会社？とよく聞かれる

映像制作会社 Ⓕ
・高齢により自社のエンジニアが続々と退職したため人数が減った

住宅リフォーム会社 Ⓖ
・同業他社と比べて仕入れ価格が高いので、お客様に安価で提供ができず、相見積もりで負けてしまう

カフェ Ⓗ
・雨天時の来店が劇的に少なく、天候次第で売上が大きく左右されてしまう

2 生存戦略は100社100色！ ないものにフォーカスしない

他社のマネはなぜうまくいかないのか

「隣の芝生は青い」という諺があります。売上の落ち込みや、資金繰りの悪化に苦しんでいるときに他社を見る社長の気持ちは、まさに「隣の芝生は青い」でしょう。

自社よりも好調な企業を見ては、「あの会社の技術があれば、もっと仕事を広げられるのに」「あそこに比べて営業が弱いから、ウチはダメなんだよなあ」など、競合の強みばかりに目がいき、改めて自社の状況を振り返りため息をつく。

皆さんもそのような経験があるのではないでしょうか。

そして、頑張って好調な会社のマネをしようとしたこともあるかもしれません。

でも、それがうまくいったことはほとんどないはずです。マネをするために必要な経営資源が自社になければ、同じことはできないからです。

会社が生き延びるための経営戦略は、まさに100社100色。

他社の強そうな部分をマネするのではなく、自社の強みを活かした独自の戦略を進めることが他社との差別化につながり、経営改善を実現するのです。

自社にフィットする生存戦略の立て方

ではここで、私がおすすめする独自の経営戦略の立案法をご紹介しましょう。

まずは意識を自社にフォーカスして、強みを再認識します。とはいっても、改めて「ウチの強みってなんだろう？」と考えると、なかなかピンとこないことも多いと思います。

その場合は、業績がぐんと伸びたときのことを思い出してください。

「ヒット商品を連発した」「営業力が強かった」「マーケティング施策がぴったりはまった」などいろいろなケースがあると思いますが、これも具体例で説明しましょう。

業績が伸びたときのことを思い返したところ、自社の強みが「多数の小口客に向けたきめ細かな販売力」だったことがわかったとします。

次に、「表裏一体ワーク」を見てみます。すると、現状のネガティブなポイントに「1件(個)あたりの販売単価が安い」とあり、これをポジティブに見直した部分に「サービスなどの付加価値をつけ、1件(個)あたりの販売単価を引き上げる余地がある」とあったとしましょう。

そして、「自社の強み」と、表裏一体ワークの「ポジティブに見直した部分」をかけ合わせます。

すると「サービスなどの付加価値をつけ、1件（個）あたりの販売単価を引き上げた」商品・サービスを「きめ細かな販売力を活かして多数の小口客に売る」ことが自社に合った経営戦略だということがわかるのです。

生存のための経営戦略というといかにも難しそうですが、このくらいの簡単なワークで大元をつくることができます。

行き詰まって他社のマネをする前に、ぜひこの方法をチャレンジしてみてください。

3 案外幸せ？「どん底シミュレーション」が命綱になる

開き直って責任感から解放される

「想定の範囲内です」

今ではよく耳にする言葉ですが、よく使っていたのはホリエモンこと実業家の堀江貴文さん。

傍目には窮地に陥ったような場面でもよく使っていて、2005年の流行語大賞にノミネートされました。

ホリエモンにとって、証券取引法違反容疑で自分が逮捕されることまで「想定内」だったかはわかりませんが、多くのことを「想定内」にしておくことで、ピンチやトラブルに過剰反応しなくてすむのは確かです。

そこで私が皆さんにおすすめしているのは、「どん底シミュレーション」です。

「いよいよ会社を清算しなくてはならなくなった」「路頭に迷うかもしれない」

このような事態に直面したときでも、普段からどん底状態の自分を想定していれば、慌てふためいたり、無駄に不安や恐怖を感じたりすることもありません。

しかも冷静に、建設的なアクションを起こすこともできます。


「こうはなりたくないと思っていた将来の自分」になってしまったときのことを考えてみてください。

ある意味開き直れるので、案外楽しいかもしれないし、社長という重い責任から解放されて、気楽になれるかもしれません。

あるいは、もしタワマンに住んでいる人なら、事業に失敗してやむなく売り払い、四畳半のアパート住まいになったと想像してみてください。

社長のときよりも収入が減っていたとしても、家賃が安く抑えられ、手持ち資金に余裕ができて「早く復活してやろう」という意欲が湧いてくるかもしれません。

実は私自身も、新しい家を建てているときに仮住まいとして古くて狭い家に2か月住んだことがありますが、家具や段ボールがいっぱいの中での生活で、それはまるでキャンプのよう。いつも家族と同じ部屋にいたので会話も増えて、案外楽しかったのを覚えています。

もちろん事業に失敗してアパート住まいになったときとでは気持ちが全然違うでしょうが、家族との密な時間が増えることで「この家族を必ず自分が守る」と、前向きに気持ちを切り替えられるかもしれません。

「どん底」もそんなに悪くない

私の知人の経営者で、普段からこの「どん底シミュレーション」を行っていた人がいます。

あるとき、社員が一斉に退職してしまい、会社には自分と秘書しか残っていないという事態に陥りました。

普通だったら途方に暮れるかパニックになるかのどちらかですが、彼は「人件費が浮いてよかった」「たくさんの社員を食べさせていく責任から解放された」と気分を切り替えて新しいプロジェクトを立ち上げ、数か月後にV字回復。今も成功し続けています。

「表裏一体ワーク」でおわかりいただけたと思いますが、昔の人が言ったように「ものは考えよう」です。

人生でどんなにつらいことがあっても、死ぬほどつらく感じる必要はありません。人は追われていると「発想も窮する、打ち手も窮する」状態を招きます。そんなとき「どん底シミュレーション」で開き直ると、不思議とポジティブなマインドになり、いろいろなアイデアが浮かんできます。

逆説的ですが、「最悪のイメージ」がどん底にいる社長を救ってくれるのです。

PHASE 6

4 自分が超人ならどんな「ハッピーエンド」を迎える？

「経営者は誰でも超人」という理由

織田信長が「桶狭間の戦い」で、戦国武将としての名を天下にとどろかせたのは有名な話です。

わずか2千〜3千人の兵で、2万5千人の兵を率いる今川義元に勝利したことで、信長は伝説の人になったのです。

奇襲をかけようとした信長本人も最初は「本当に勝てるのだろうか……」と思っていたはずです。それでも勝てる可能性に賭け、兵力差や経験から油断し、敵前で休息していた今川を討つことができたのです。

私は、経営者であれば誰もが信長のように「不利な状況からの一発逆転」を成し遂げることができると信じています。

自分で会社を立ち上げた人は、誰もがゼロからのスタートです。

あるいは親から会社を継いだ人であっても、先代の影響力はもちろん、場合によっては借金が残っていたりして、決してラクではない立ち位置からスタートしていることが少なくありません。

そのような厳しい状況を今日まで戦い抜いてきた経営者は、誰もが「超人」です。

すべての経営者が、一度は谷底から這い上がった経験をしているはずです。現在ピンチに陥っているのであれば、初心に返って「超人になれた自分」を思い出してください。

あの英雄の何をマネできるか

例えば仕事の依頼が減り、資金繰りが危険水域に入りつつあるとします。そんなとき、起死回生を狙って、一か八か流行りのビジネスに参入したり、大きな投資をしたりする人がいますが、そのようなことはやめて、あえてお金がなかった創業当時にやっていた「地味な仕事」や「誰もやりたがらない仕事」をコツコツやるのが正解だったりします。

私が太陽光事業を立ち上げたときには、クライアントの補助金の代行申請や、電力会社との協議代行、もっと細かいところで言うと当該マンションや近隣の住民を1軒1軒回り、工事の周知チラシの配布など「面倒で誰もやりたがらないこと」をすべて引き受けました。

その結果、地域の受注を一手に引き受けることができ、評判を高め、事業を順調に成長させていくことができたのです。

派手さはありませんが、桶狭間の戦いのように、業界の隙をついて見事に成功した奇襲だったと自画自賛しています（笑）。

想像したことは、すべて実現できる可能性があります。逆に言えば、まったく道筋を想像できないこと、つまり、経験はないけれど、一か八かでやってみるようなことで成功することは不可能です。

「自分が信長のような英雄になるなら、どんなストーリーになるのか？」

お客様に感動・感謝され、レジェンドになる妄想を膨らませてみてください。

5 未来の〝スゴイ自分〟に「どう乗り越えたか？」を聞いてみる

答えはすでに自分の中にある

ここまでピンチに陥ったときの対処法をいろいろと紹介してきましたが、日頃から経営について真剣に考えている社長であれば、問題に直面しても、常に回答を自分の中に持っているはずだと私は思っています。

要は、それに気がついていないだけです。

誰かに相談してヒントをもらうこともとても有効ですが、自分自身の中にある答えが最も自分にフィットするはずです。

ただ、普通に考えていてもなかなかその答えにはたどり着きません。

そこで私がよくやるのが、「ピンチを乗り越えた未来の自分」に、いったいどうやって切り抜けたのかを聞いてみることです。

当たり前ですが、実際には「未来の自分」に会えるはずはありません。ですが、いろいろな問題を乗り越え、さらに大きくなっている「未来の自分」を想像して、どうしたらそこにたどり着けるのかを考えてみるのです。

「未来の自分」から話を聞き出すコツ

私の例でお話ししましょう。私はある異業種交流会に参加していたのですが、自分の会社が苦境に陥っていたとき、交流会の重役をやってほしいという依頼がありました。

普通だったら「自分の会社が大変だから」と言って断りますが、私はとっさに4人の「将来の自分」を考えました。

・重役を引き受けて、会社のピンチも脱している自分
・重役は引き受けたものの、会社を倒産させてしまった自分
・重役は引き受けなかったが、会社のピンチは脱した自分
・重役は引き受けず、しかも会社を倒産させた自分

この中で一番カッコいいのは、当然「重役を引き受けて、会社のピンチも脱している自分」です。会社の理念にもあるように「挑戦」すると決め、自分ならやれると感じた私は、一番カッコいい自分を目指すことに決め、将来の姿を目に浮かべました。

それだけではありません。その異業種交流会にはいくつかの支部があり、支部同士で毎月成績を争っていたのですが、自分が所属する支部を必ず日本一にするという決意もしたのです。

行く先々で契約が取れ、社員から渡された何件もの契約書の束に目を通してハンコを押す自分。そして電話やメールで顧客からの問い合わせに追われている社員を尻目に会社を出て、異業種交流会に向かい、日本一の支部になった仲間たちと祝杯をあげている自分

……。

その自分に、私は尋ねます。

「すごいね！　時間も足りないのに、そんな一人二役をどうやったの？」

すぐに答えは返ってこないので、日にちを空けて何回か同じことを繰り返していると、返事がありました。

「自分が動けない分は、人に動いてもらえばいいんだよ」

そうか！　と思いましたね。

私は、人に頼むよりも自分でやったほうが早いと考える性格なので、できる限りのことは自分でやってしまいます。

また会社の仕事でも、コストが発生するのがもったいないので、極力自社でできることは自社で行い、外注を頼むことは少なかったのです。

だから今回も、自分の力で乗り切る方法をずっと考えていたのですが、頭のどこかに「誰かに頼めば2倍、3倍……それ以上の動きができる」ということがあったのでしょう。

繰り返し未来の自分に問いかけた結果、ようやくその答えが表に出てきたわけです。

そして私は、異業種交流会の実務は信頼できる仲間たちに頼み、自分は旗振り役とまとめ役に徹し、会社のほうは自分だけでなく実績のある外注にもバンバン仕事を振り、契約を取っていきました。

その結果「カッコいい未来の自分」として思い描いていたように、異業種交流会では日本一の支部になり、また会社の業績も過去最高となったのです。

それ以来、私は困りごとがあると、よく未来の自分と話をするようにしています。

「なんだかオカルトみたいで気持ち悪いな」と思うかもしれません。でも、これはオカルトでもなんでもなく、自分の本来の能力を引き出しているだけです。

ぜひ皆さんも、未来の「カッコいい自分」と対話をしてみてください。

PHASE 7

問題の解決にあたっての深堀りワーク②

1　平常心と前向き思考の確保（今やるべきことを冷静に考える）

運動するだけで「幸せの脳内物質」が出る

私はよく朝の散歩をします。散歩といっても、駅に行くときに遠回りをしたり、ひと駅分を歩いたりするくらいですが、朝の太陽光を浴びながら歩いていると、家を出たときにはなんとなくモヤモヤした気分だったとしても、いつの間にかそんなものは吹き飛んでしまいます。

また、道すがら「こんなところに美術館ができたのか」「この公園、きれいになったなあ」など、新しい発見があると、脳がワクワクしてきます。

このように朝の散歩で、メンタルと脳をポジティブな状態にして会社に行けば、新規顧客の開拓や、トラブル、クレームなどへの対応にも、積極的に取り組もうという気になります。

あるいはランニングのようにある程度のスピードで走っていると、エンドルフィンやドーパミンをいった〝快楽物質〟が脳から出て、ランナーズハイという状態になります。

長く走るほど気分が上がるので、ますます長い距離を走りたくなってくるというわけです。経営者の中にはフルマラソンに挑戦する人も少なくありません。

もっとも、それほどの長距離を走らなくても、体を動かすと何かしらの脳内物質が出るようで、ポジティブな気分になります。

朝の散歩は「人間は頭だけでなく、体を動かすことで健全に生きていけるのだな」と実感させてくれます。

よく、〝運〟を〝動〟かすためには、〝運動〟がよいという話を聞きますが、確かにその通りだなと思います。

精神科医が証言「朝の散歩はうつにも効果的」

私の知人にも、朝、とりあえず顔を洗ったらスマホを持ってそのまま散歩に出かけるという経営者がいます。

彼の場合はぷらぷら歩く散歩というよりも、やや速歩きだそうですが、歩くたびにどんどん事業のアイデアが湧いてきて、居ても立ってもいられずに（実際には歩いているわけですが）、ＬＩＮＥやメールで、関係者やそのアイデアに巻き込めそうな人たちに連絡を入れまくるそうです。

そして出社したら、ハイな気分のままでフォローの連絡と面談のアポ入れをして、どんどん具体化に向けて話を進めていくのです。

実際、私も朝出社したとたんに彼から電話があり、驚いたことが何度もあります（笑）。そんな社長の会社なので、社内はいつも明るくポジティブな雰囲気で、ずっと右肩上がりの成長を続けています。

朝の散歩の効果については、樺沢紫苑《かばさわしおん》さんというチャンネル登録者数50万人超えのYouTuber精神科医も「うつの前段階の人には朝30分、散歩をしてほしい」と言っているほどです。

トラブルやピンチのとき、解決策を考えようとして、部屋の中でパソコンの画面に向かってウンウンうなっていても、いいアイデアは浮かびません。

それよりも朝の散歩で気持ちをリセットして、メンタルをポジティブにすることのほうがよほど効果的です。

2 転地効果で問題を客観視する——70キロ移動して考える

目の前の景色を変えることがなぜ重要なのか

トラブルやピンチに見舞われたとき、冷静さを取り戻すためには、場所を変えることも効果的です。

人間は、情報の80％を視覚から得ているそうです。ということは、いつもと同じようにパソコンの前に座っていても、新しい解決策は浮かびません。見ている景色が変わらなければ、いつまでたっても頭の中で堂々巡りが繰り返されるだけです。

そこで効果的なのが、70キロくらい離れた、景色の違う場所に行ってみることです。なぜ70キロかというと、それ以下の距離ではたいして景色が変わらないため、気分転換にならないからです。

東京以外の方には申し訳ありませんが、東京駅起点で考えると、70キロというと海のほうだとが神奈川県の大磯あたり、山のほうだと都内の奥多摩くらいです。

100キロ、200キロも離れる必要はありません。

ふと思い立ったら行ける大磯や奥多摩であっても、ビルに囲まれてごちゃごちゃとした都心とは、まったく風景が違います。

クルマでも電車でもいいので、自然が多く、あまりあくせくしていない場所に行き、缶コーヒーでも飲みながら、そこに暮らす人たちに思いをはせてみてください。

『駅前のベンチでずっと話し込んでいる3人のおじいさん、今まで一生懸命働いてきて、今はのんびり、悠々自適なのかな』

『あそこにいるよく日に焼けた若者、楽しそうに電話してるな。友だちなのか彼女なのかわからないけど、いい表情をしてる』

もちろん勝手な妄想ですから、合っているのかどうかはわかりません。それでも、自分とは違う時間軸で生きている人の生活を想像してみると「みんな頑張ってるんだな」「自分も少し落ち着いて考えてみるか」とクールダウンできます。

そうすれば「もうダメだ」「全部あいつのせいだ」などとささくれ立っていた頭も冷静さを取り戻し、別の視点から物事を考えられるようになるのです。

手軽な座禅で意識を集中させる

いつもの職場とはまったく違う環境に身を置いてみるという意味では、お寺で座禅を組んでみるのもおすすめです。

最近では一般客にも座禅を組ませてくれるお寺が増えてきましたが、北条時頼が鎌倉時代に建立した北鎌倉の建長寺では、毎週金曜日と土曜日に座禅会を開催しています。

座禅といっても、堅苦しいものではありません。少しふらついても、いきなり叩かれることもありません。目を閉じてじっと座っているうちに、感性が研ぎ澄まされて雑念が消え、物事の本質が捉えられるようになります。

意識は1点に集中し、頭の回転も速くなります。

今風に言えば「マインドフルネス」に近いのかもしれませんが、この意識でトラブルやピンチの原因と対策を考えると「あ、そんなことか！」と腑に落ちることが少なくありません。


普段行かないところに行ってみる。やったことのない座禅を組んでみる。

私はこれを、「メンタルの危機から脱出する最強の方法」だと思っています。

3 必要なのは『誰にでもわかる優しさ』と『誰にも気づかれない冷酷さ』

優しすぎる現代の弊害

少し前の話ですが『不適切にもほどがある』というテレビドラマがヒットしました。見た方も多いと思いますが、昭和と令和での価値観のズレが面白かったですね。

昭和では通用しても、令和ではNGなことはたくさんあります。

社長という立場の私が言っていいのかわかりませんが、今の社会は、誰に対しても優しさ（本当の優しさではなく、〝表面的な優しさ〟や〝甘やかし〟）が求められすぎているように思います。

その結果、経営者が言いたいことを言えなくなっていたり、会社を守るために本来するべきことができなくなっているように思うのです。

例えば、遅刻常習犯の社員の場合。

「なんで遅刻ばかりしてくるんだ！」と怒鳴ってしまったらパワハラになりますから、優しく諭します。

「どうしたら遅刻しないですむようになるか、考えてみようか」

正直、こんなことで遅刻癖が直るのかわかりませんが、コンプライアンス的にはこのような方法が正しいのでしょう。

それでも遅刻が直らなくて思わず叱責してしまったら、「パワハラ」「モラハラ」が問題になります。

とかく生きにくい世の中です。

個人的な考えとしては、そのような場合ははっきり「遅刻をするな！」と言ったほうが、本人のためにもなると思います。

ハッピーな気分で社員に辞めてもらう方法

経営についての相談で多いのは、固定費が高くて困っているという問題です。要は、社員が多くて人件費が高く、困っているということなのですが、そのようなとき、私のアドバイスはひとつです。

「使えない社員を辞めさせよう」

するとたいてい、「いや、仕事はできないけれど、頑張ってくれてるんですよ」という返事が返ってきます。

仕事はできないけれど頑張っている社員というのは、私からすれば、真っ先に切るべき人物です。「会社に貢献できていない＝頑張っていないのと同じ」と思っているからです

仕事ができないのを大目に見て許容し、成長させようとするのは、今の時代に求められるコンプライアンスであり、優しさです。

それはそれで必要なことだと思いますが、それだけでは経営は成り立ちません。

いざというときは、そのような社員には躊躇なく辞めてもらう。それが会社を存続させ、家族や、会社に貢献しているほかの社員の幸福を守るためには、当然のことです。それは「冷酷」ということではありません。

その感覚が欠けている経営者が少なくないような気がします。

ただし、辞めてもらうときには、本音には気づかれないよう、できるだけの愛情は示すべきでしょう。

感情的に気に入らないわけではなく、会社の存続や成長のために、やむなく犠牲になってもらうのだという思いで「今回はこういった事情で身を引いてもらうけれど、呼べるような状態になったら声をかけるから待っていてほしい」と、相手を思いやる余裕は見せる

べきです。

会社のことを第一に考えつつ、できない社員には少しでもハッピーな気分でさっさと辞めてもらうように仕向ける。これが私の優しさと冷酷さの両立です。

4 何を捨て、何を大切にするか？ 大切なのはこの2つだけ

本当に守るべきは「自分の健康と家族」だけ

経営改善策を考えるときのポイントについていろいろと書いてきましたが、究極的にはどのような方法を取るか、私が判断する軸はひとつだけです。

それは「その策を進めたとして、自分の健康と家族を守れるかどうか」です。

なぜなら、人間が生まれた瞬間に持っているものが、「健康な体」と「家族」の2つだからです。もしも神様がいるとしたら、「この2つは絶対に大切にしなさい」と教えてくれるはずです。

その2つを守るために必要なものは残し、そうでないものは捨てていきます。

こんなことをいうと「最初に考えるのは会社のことじゃないのか？」という声が聞こえ

てきそうですね。

その声はもっともですが、社長のなり手がいくらでもいる大企業ならともかく、一代で立ち上げたような中小企業の場合、社長が頑張りすぎて体を壊してしまったら、たとえ一時的に会社は存続できても、早晩行き詰まります。

社長の健康状態は心身ともにボロボロ、社長の家族は不幸になりバラバラな状態。そんな人間が経営している会社が、この先、社会の役に立つとは到底思えません。

反対に、会社が最悪な状態になったとしても、社長が元気なら一からやり直せる可能性は十分にあります。

私の場合、会社を身軽にするために真っ先に切ろうと考えるのは、会社に貢献していない社員や、条件がよくない取引先、支払い能力に疑問がある会社などです。

特に経営が苦しいとき、こちらの弱みにつけ込むように、大金をちらつかせて大口の発注をしてくる会社がありますが、そのような会社は問題があることが多く、結局回収できない可能性が高いと思います。自社が苦しいときほど、相手のことはよく調べたほうがよいです。

自分の資産を売る覚悟

また、本当にピンチになったら、会社や社長自身が持っている資産は躊躇なく売却して現金化するべきです。

私の父も会社経営をしていたのですが、その父に「いざというときに迷わず自分の財産を手放せないなら、会社なんかやっちゃダメだ」と言われたことがあります。

その言葉は私の胸にずっと残っていて、以前、私の会社が本当に苦しくなったときには、当面不要な会社名義の不動産や、買ったばかりの高額なクルマを売りに出して現金化しました。

何につけ資産売却は「せっかく買ったのにもったいない」という気持ちになりがちですが、どれかひとつ大切なものを売ると決めると「まあ、これも売っていいかな」という気持ちになるものです。

知人の中には、せっかく買った自社ビルを手放した、酒販小売の経営者もいます。

そのビルは都内でも比較的地価の高い土地にあり、少し老朽化していたこともあって、よく不動産会社から売却の提案を受けていたそうです。

しかし利便性がよく、苦労の末に買ったビルということで愛着もあり、また自分たちが使わないフロアはテナントに貸し出し、その家賃収入で十分にローンの返済もできていたので、売却という選択肢はありませんでした。

ところが、コロナ禍の際に本業の売上が激減。さらにテナントの退去も相次いだためにローンの返済が難しくなり、泣く泣く自社ビルを手放して、家賃の安い郊外に移転することにしたのです。またそれと同時に、採算の悪かった事業を売却。社員数も減らしました。

そんな身を切る対策の結果、数千万円単位での経費削減に成功。

今では業績も回復し、彼はいずれまたビルを買って、都心に戻ろうと考えているそうです。

切るべきものを切ってリスクとコストを下げ、売れるものを売って手元資産を増やす。こうすることで、今後のことを冷静に考えられるようになれます。

せっかく手に入れた資産ですから、日頃から所有する喜びを十分に感じることは、モチベーションの向上にも効果的だと思います。ただしその一方では、会社を維持するために、いざというときに「なくてはならないもの」「あればいいな、というもの」「なくてもいいもの」のすみ分けは、平時からしておくことがとても大切です。

5 過去経験や脳内の思考を書き出してみる

過去にできたんだから今回もできる！

「こんなピンチは初めてだ……」

皆さんには、そんなふうに、ファイティングポーズを取るのが難しいほどまでに追い詰められた経験があると思います。

実は「もうダメだ」と思った、そんなときでも、強く、ポジティブなメンタルを簡単に回復する方法があります。ぜひここで覚えてください。

まず過去に経験したピンチの中から、インパクトの大きかったものを5つ選んで書き出し、一つひとつ、そのときの自分の気持ちや周囲の様子を思い出してみてください。

現在の皆さんから見れば、それぞれの過去のピンチは「あの程度のことなら、今の自分なら楽に解決できるよ」という、ささいなものかもしれません。

でも当時の皆さんにとっては、高い壁だったはずです。

もしかしたら「今回はもうムリかも……」と思ったことも、二度や三度ではないでしょう。それでも、その壁を乗り越えたからこそ、今の皆さんがあるのです。

そうであれば、今回のピンチだって同じことです。今までと同じように乗り越えることができ、いつの間にか過去のことになっているはずです。

「今までできたんだから、今回もできる」そういう自信を持ってください。

筆者が切り抜けてきたピンチ

私も過去に何度も「これはダメかも」というピンチを体験しています。

開業1年目に、工期1か月でアパート15棟に太陽光パネルを設置する仕事を請け負ったときのことです。

今なら15日もあればできることですが、当時はまだ職人が少なく、自分たちにも十分なノウハウがなかったので、朝の6時から翌日の深夜2時まで、1日の休みもなく働いていました。

しかし、あまりのきつさに社員が一斉に退社し、残ったのは3人だけという状況に。

真っ青になって、建築関係の知人に頭を下げて手伝ってもらい、なんとか間に合わせることができました。

また同じく開業1年目に、下請け業者からクレームをつけられたこともあります。その会社には定期的に仕事を依頼するような良好な関係だったのですが、何かの行き違いで先方が不満を抱き始め、ある日ついにそれが爆発。こちらに乗り込んできて、大暴れしそうになったのです。

なんとかなだめてその場は収めたのですが、社員から「もうあの会社には怖くて仕事を出せない」と言われ、数少ない協力企業を失いました。

ほかにも、1か月で数千万円の売上を払ってもらえず資金繰りがピンチになったときには、逃げ回っているその会社の社長と話をするために、夜の街を何週間もさまよったこともあります。

今となっては笑い話ですが、当時は会社の存続をかけ、必死でした。

過去にいくつものピンチを乗り越えてきた皆さんなら、今直面しているピンチも、このように笑い話にできるはずだと信じています。

くださ い。

6 過去最大のピンチと比べてどうなのか？

自分自身の成長を信じる

5大ピンチを書き出したら、次はその中でも最大のピンチは何だったか思い出してみてください。

細かな部分もできるだけリアルに、他人に話したときに興味津々に聞いてもらえるくらいのレベルで思い出せるとよりよいです。

それができたら、そのときと現在の状況を比べてみてください。周囲の環境が違うのは当然ですが、何よりも変化しているのは皆さん自身だということに気がつくと思います。

「過去のピンチを乗り越えられたんだから、今回も大丈夫」という話をしましたが、今立ち向かうべきピンチは、過去のものよりも数段レベルが高いものだと思います。

それでも私が「過去できたんだから、今回も大丈夫」と言うのは、幾多のピンチを乗り越える過程で、皆さんは大きく進化しているはずだからです。

困難に接するたびに解決するための情報を吸収し、体験を積むことで、より大きな困難に対応できる能力が身についていることでしょう。

だからこそ、その経験と自信を糧に、今回のピンチも乗り越えられるはずです。

過去の自分に現在の「カッコいい」自分を見せる

自信とともに持ってほしいのが「あのときの自分に負けたくない」という思いです。人間、年を取れば体力は落ちていきます。私自身、開業1年目のような無茶な体力仕事を今やれと言われたら、正直厳しいかもしれません。

でも、もし同じ問題が起きたら、知恵や情報、人脈を駆使してもっとスマートに解決する自信があります。

過去の自分が打ち勝ってきた壁に、今の自分が負けるわけにはいきません。

できることはすべてやって現在のピンチに立ち向かい、過去の自分を超えていることを実感しましょう。

現在の困難に立ち向かおうとするときにおすすめなのが、過去最大のピンチの際に相談にのってもらっていた人に会ってみることです。

当時の話を聞くことができれば、思いを新たにすることができ、また、現状についても適切なアドバイスをもらえるかもしれません。

今の自分を見た過去の自分に「カッコよくなったなあ」と言われるよう、振り切っていきたいですね。

7 社長になる前の職場・街・同僚を訪ねてみる

自分の原点の街で勇気をもらう

私の会社は、東京の日本橋にあります。たくさんのビルやビジネスホテルが並び立つ、いわゆるオフィス街です。

創業時は別の場所だったのですが、数年前にこちらに移ってきました。

この街には、起業するはるか昔、まだ20歳の頃に、内装工事の職人としてよく訪れていました。当時はスーツ姿のビジネスマンを見て「自分とは違う人種だな。生まれ変わったら俺もカッコいいスーツを着て、仕事のできそうなビジネスマンになるかなあ」などと思っていましたが、今ではその地で自分が会社をやらせてもらっているのだから、不思議なものです。

たまに、職人時代によく買い物をしていたコンビニに行くと、当時のことを思い出し

「我ながら、よくここまで来たなあ」と感慨にふけったりします。それと同時に、「もっともっと、いろんなことにチャレンジしないとなあ」という気持ちになります。

原点に返って、勇気をもらっている感じです。

いいことだけを書いた自分だけの〝社史〟をつくる

原点というと、私は経営で不安なことがあると、ノートにまとめた「オリジナルの社史」を読み返します。

ホームページには「○○年には何があった」「△△年にはこれをした」という事実だけが記録として掲載されていますが、オリジナルの社史には、もっと詳しく、自分がどのように頑張って会社を育て、守ってきたかが書いてあります。

例えば「○○社から1000万円受注した」「太陽光パネルの設置数が○件を超えた」「新事業を始め、早くも受注を実現した」「○○さんが入社し、1年でここまでできるように成長させることができた」などの成功体験を、できるだけ多く、特に強調したい点はマーカーを引いたりしています。

これは誰に見せるものでもありません。会社でトラブルが頻発したり、不安なことがあったりして「最近、メンタルがダウン気味だな」と思ったときに開いて、自分が頑張って成功してきたことを改めて見返します。

すると自然と勇気と万能感が湧いてきます。

また、同じようなピンチだったときのことを思い出し「そういえば、あのときはこんな風に乗り切ったのか。今回も少しバージョンアップすれば、同じ方法を使えるな」などといったこともわかります。

就活の経験がある人なら、職務経歴書を書いたことがあると思います。そこに書くべき情報を整理していると、自分が非常に優秀な人間だと思えてきますが、あれの会社版のようなものです。

ただし、このオリジナル社史には「いいこと」だけを書いて「悪いこと」は一切書いていません。何度も読み返して勇気をもらうためのノートに、マイナス要素を入れる必要はないからです。

ぜひ、自分だけの、最高・最強の社史をつくってみてください。

8 「最高潮のとき」にやっていたことを再確認してみる

原因不明のスランプに陥る

自慢ではありませんが、私は営業に出ると、ほぼ100%の確率で契約を取ることができます。

営業がうまくいけば売上が上がるのはもちろん、社内の雰囲気もよくなり、自分自身や社員のモチベーションもアップするので、私はよく営業に出ています。

ところが、そんな「自称営業王」の私にも、スランプの時期がありました。理由はわかりませんが、徐々に成約件数が減ってきたのです。

特に営業スタイルは変えておらず、また、強力な競合が現れたわけでもありません。

「今まで通りの成功パターンを続けているはずなのに、なぜだろう？」

原因がつかめなかった私は、好調だった頃のことを思い出しながら、ポイントになりそうなことを書き出してみました。

製品の特徴やメリットの説明、顧客のニーズに合わせたサービスの提供、価格戦略など、いろいろと挙げてみたものの、やはり変えたことはありません。

そこで知人の経営者に相談し、自分のトークで納得のいかないところはないか、営業の練習をさせてもらうことにしたのです。

そしていつもの調子で話し始めると、しばらくしたところで、

「ごめん、もう少しゆっくり話してくれる？　ちょっと自分の理解が追いつかなくて」

と、苦笑いで言われました。

そこでハッと気がつきました。スランプの原因は製品のメリットを少しでも多く伝えようとして、トークが早口になっていたかもしれないということに。

お客様にとって自分は「1分の1」の存在

以前は、お客様がこちらの話を理解し、納得してくれているかを丁寧に確かめながら商談を進めていましたが、最近では営業の好調さに「ウチが提供するサービスはみんなほしがるはず」というおごりが出て、知らぬ間にお客様への対応が雑になっていたのでしょう。

そこで「ああ、ごめん。ちょっとゆっくり話すわ」と、かつてのような調子でトークをしてみたところ「全然問題ないと思うけど。俺でも買いたくなるよ（笑）」と言われたのです。

そこで、次からは「トークは少しゆっくりめに」「意識して丁寧な対応をする」ということを心がけて営業に取り組んだところ、無事、成約件数も元通りになりました。

会社にとっては、ひとりのお客様は多数のお客様の中のひとりであり、割合でいえば数百、数千分の1です。

でも、お客様にとっては、太陽光パネルのことでつきあいのある会社はウチだけです。つまり、お客様視点では、私たちは「1分の1」という存在なのです。

スランプに陥っていた私は自分のペースで商談を進めてしまい、「一人ひとりのお客様に対して、誰にも負けない大きな愛をもって本気で寄り添い共存する」という想いが薄れていました。

好調だった頃は、無意識に理解していたはずのことを忘れていたのです。

「以前と何も変わらないのに調子が悪い」というときは、調子がよかった頃のことを細かなところから思い出してください。きっとどこかに違いがあるはずです。

9 絶対これだけは避けたい状態をイメージする

「当面の問題は解決した」という落とし穴

同じようなトラブルやピンチを何度も繰り返す人がいますが、そのような人たちには共通した特徴があります。

目の前で起きている問題を解決することに全力をあげ、その先のことにまで意識がいかないのです。

トラブルには、取り急ぎの対処をすることは重要です。ただ、それで終わりにしてはダメです。

今抱えているトラブルやピンチがさらに最悪な状態を引き起こしたときのことを想像して、そうならないためにどうしたらよいか考え、行動するのが、本当の問題解決です。

リスク管理について「1：29：300の法則」とも呼ばれる「ハインリッヒの法則」があります。「1つの重大事故の背後には29個の明らかなミスがあり、さらにその背後には、うっかり見逃している300個のミスがある」という法則です。

これを別の角度から見ると、ひとつのトラブルを処理して安心していては、いずれもっと大きなトラブルになりかねないということでもあります。

小さな火種が大きな火事になる

私の知人に、地場スーパーの経営者がいます。

その彼に「最近、締めが2万円くらい違っているんです」と相談されました。

こんなときの私の答えはほぼひとつです。

「従業員の誰かが盗んでいるんだよ。間違いない」

そこで彼は、怪しいとにらんでいた何人かの従業員を見張ることにしました。すると、そのうちの1人が、レジから現金を自分のズボンのポケットに入れようとしている現場を押さえることができたそうです。

「もちろん即刻クビにしました。もうこれで安心です」

彼は満足そうな表情でしたが、私はこう言いました。

「これで安心してたらダメだよ。このままだと第二、第三の事件が起きて、最悪、グルになった従業員に売上を全部持っていかれるかもしれないよ。しかも、よくない客が大量の万引きをして、店がすっからかんになるかも」

そう話すと、彼は目を丸くしていましたが、決してありえない話ではありません。

今回の事件の背後には、盗癖のある従業員を雇ってしまったことだけでなく、現金を盗みやすい店やレジの構造、監視カメラの不足、監視体制の不備、性善説的な従業員管理など、いくつもの問題点があったはずです。

今回はたまたま手癖の悪いひとりの従業員の悪さで済みましたが、店の抱える問題点が結びついたら、「最悪な事態」が発生するおそれは十分にあります。

小さな火種は大火事のもとになります。想像力を駆使して最悪の事態を想定し、起こり得るトラブルやピンチの芽は、徹底的につぶしておきましょう。

10 経営課題解決のヒントはネット上にも散らばっている

解決策はまず「検索する」こと

トラブルやピンチを効率よく解決する方法は、自分であれこれ考える前に「まずはネット検索する」ことです。

「自分の会社のことなんだから、自分で解決法を考えるべきだろう」と思うかもしれません。でも、皆さんが経営で抱く悩みやトラブルは、実はほとんどの場合「よくあること」です。

本人にとっては会社の存続に関わる一大事であっても、よほど特殊なことでなければ、その「一大事」のほとんどは、世の中の多くの経営者が経験し、乗り切ってきたことなのです。そして、みんなが経験しいることだからこそ、解決法がネット上でいくらでも公開されているのです。

だったら、さっさと答え合わせをしたほうが早いと思いませんか？　もちろん、そこにある情報がすべて信頼できるものとは限りません。それでも、人に相談せず自分ひとりで考えていては偏ったアイデアしか出てこないし、そもそもそれが正解なのかどうかもわかりません。それなら、ネットの情報を参考にしたほうがまだ確実性が高いでしょう。

課題解決におすすめのＳＮＳはTikTok

私自身、困ったことやわからないことがあると、まずネットで調べます。中でもよく使うのはTikTokです。

TikTokというと、中年世代以上の方は、若者のダンス動画ばかり出てくるＳＮＳというイメージがあるかもしれませんが、それは大間違いです。

「金持ちになる人がやっている◯◯な習慣」「社員がついてくる社長の7か条」「こんな社長が会社をつぶす」など、ビジネス関連のコンテンツがいくらでもあります。そして、自分が知りたいことを「△△の解決法」などのキーワードで検索すれば、それに合った動画が見つかります。

また TikTok の便利なところは、自分が見たい動画、必要な動画を先回りして紹介してくれるところです。

都度、自分で検索ワードを入力する手間が省けてラクなうえ、再生時間が短く、しかも興味深い動画が多いので、ピンチではないときでもついつい TikTok を見てしまいます。

ただし、ネットを見ているだけではダメです。大切なことは、紹介されている解決法の中で、気に入ったものや、できそうなものを実際に試してみることです。

いきなりハードルの高いものにチャレンジすることはありません。例えば「社員に好かれる社長になるため、毎朝『おはよう』と声をかける」といったレベルのもので十分です。何かひとつを始めれば、ボールが転がるように、行動できるようになります。

何はともあれ、まずはネット検索。もしも昭和の時代にインターネットがあったら、いったいどれだけの会社が倒産せずに済んだことかと考えると、現代の経営者は本当に恵まれています。

今はネットで会社の救い方まで検索できる時代！　どんどん頼りましょう。

11 解決策をもう一度7個以上書き出してみる

精度が高く、具体的な解決策が思いつく理由

さてここまで、トラブルやピンチの解決のために、いくつものステップを踏みながら思考を深めてきました。

ここで改めて、解決策を7個以上、思いつくままに書き出してみましょう。

記憶力のいい方なら「あれ？　前のほうで5個以上の打ち手を考えたはずだけど？」と思うかもしれませんが、あの段階のものはあくまで「仮の解決法」です。

それは、トラブルやピンチの全体像を把握したうえで「このような解決法があるんじゃないか」と考えた、おおまかな方向性のようなものです。

それとは違い、ここで書き出す解決策は、自分の中で深堀りし、さらに第三者の意見を聞いたり、ネットで調べて情報を集めた結果、より精度が高まり具体的になったものです。

ちなみにここでは、先に考えた「5個以上の仮打ち手」は見ずに検討してみてください。せっかく具体的で現実的な解決策を打ち出すためのステップを踏んできたにもかかわらず、抽象度の高い思考に引き戻されては元の木阿弥だからです。

実践的かつ現実可能な解決策を考える

では、ここで挙げるべき解決策のレベル感とはどのようなものか、「競合が価格破壊をしかけてきた」場合を例に検討してみましょう。

①仕入先や下請けなどの関係者を集めて、方向性を縛ることなく作戦会議を開く
②改めて自社の価値を言語化して「価格破壊」に動じることのないよう、ぶれない軸をつくる
③なぜ他社は価格破壊が可能なのかを探り、問題点が発見されたら、ネガティブキャンペーンにならないように留意しながら、自社の優位性をアピールしていく
④関係者を集め、コスト削減策を検討し、徹底抗戦を図る
⑤現状の価格差があっても顧客が納得できるサービスを、コストをかけることなく付加価値として提供する

⑥既存の顧客に「なぜ自社を選んだのか」具体的な理由を聞き、その点を強化して競合と差別化する
⑦顧客のニーズを把握したうえで、あえて異業種と組んでメリットのあるサービスを提供する

ここまでで7個の解決策が浮かびました。最初の頃と比べ、かなり現実的で具体的なものになっているので、今からやるべきこと、今すぐできることが明確になったかと思います。

このようなレベル感で、皆さんも自社が抱えている課題解決の方法を考えてみてください。

12 解決のための外的情報収集（適切な他者を頼り意見を聞く）

「相談相手は誰でもいい」わけではない

ここまで、「人に相談すること」の必要性とメリットについて、口を酸っぱくしてお伝

えしてきたので、皆さんも相談相手について「あの人がいいかな、それともこの人かな」など、具体的なイメージが浮かんでいると思います。

そこで、間違いのない相談相手の選び方のコツを紹介しましょう。

相談相手には、家族や友人、あるいは普段からつきあいがある経営者仲間や取引先など〝自分に近い人〟と、中小企業診断士や経営コンサルタントなど〝自分から遠い人〟の二者を選んでください。

まず、〝近い人〟は、こちらの内情に即した的確なアドバイスをしてくれます。身の丈に合わない理想論ではなく、すぐに実行できそうな解決のヒントをもらえるでしょう。

ただ、近しい間柄だけに「この人はこういう人だから」という先入観のために、アドバイスが偏っていたり、厳しいことも言いづらいかもしれません。

そこで、そのような思い込みや忖度のない〝遠い人〟に、客観的かつ一般的な意見を聞くことが重要になってくるのです。

問題社員への対処法で聞いた目からウロコのアドバイス

具体例として、私が問題を起こした社員への対応について、〝近い人〟と〝遠い人〟に相談したときのことを紹介しましょう。

まず〝近い人〟たちからは、社員に対する態度を指摘されました。

「優しすぎるんじゃないかな。もう少し厳しくしたほうがいいよ」

「昔はもっと社員に厳しく指導していたよね。あれくらい厳しくしたほうが、社員も勘違いしないのでいいと思う」

など、身近にいる人たちならではの意見が出ました。

一方、〝遠い人〟の意見は、私がまったく予想もしていない、目からウロコが落ちるものでした。

「問題を起こした社員だからといって、社長が直接話をするのはよくありません。社員をいさめるナンバー2や、社員の教育役として中間管理職を入社させるべきです。また就業規則に、処罰に対してもっと詳細に記載する必要があります」と、そもそもの会社のあり方について指摘されたのです。

この2つのアドバイスを聞いて、私は「問題社員への対応は急ぐ必要があるから、普段より厳しい口調で注意してみよう。でも、今後のことを考えたら、就業規則の改定や自分の代わりに社内をまとめるナンバー2的な存在が必要だな。まずは社労士にすぐ相談をして就業規則を改定し、その後、既存の社員の中でそのような立場を任せられる人材を育てるか、新しくそのような立場に適していそうな人を採用してみよう」と考えました。

おそらくこれが、現実的で有効な対策だと思いますが、いかがでしょうか？

〝近い人〟と〝遠い人〟の意見は、視点が異なったり、対立したり、はたまた一致したりといろいろなケースがあります。ただ、両者の意見があることで、より広い視野で課題解決ができることは間違いありません。経営者として、特定の意見に引きずられることは避けましょう。

13 SOSの出し方でピンチがチャンスに変わる

「助けること」にメリットを感じてもらう

人は、困っている人を見ると、自然と助けたくなるものです。だから、私は困りごとがあるならどんどん人に相談すればいいと思っています。

困ったら、即ＳＯＳを出すことは、経営者にとって必須のスキルです。

ただ目の前のピンチを乗り切っただけでは、マイナスがゼロになっただけです。いずれ同じ危機が訪れることは間違いありません。

そうであれば、いろいろな人の助けを得られるこの機会に、さらなる飛躍を目指すべきです。

そのためには「人が応援したくなる」SOSの出し方があります。

まず1つ目が、応援してくれる人に「今回のピンチを乗り越えたら、弊社にはこんな明るい未来が待っている。あなたと一緒にこの明るい未来を具現化したい」と伝えることです。その際には、もちろん、相手にとっての具体的メリットを提示します。

現在の事業拡大でも、新規事業の着手でもかまいません。相手が「ここは助けておけばメリットがある」と感じるような具体的なプランを立案します。

ただ、絵に描いた餅になってしまうと、後々の信頼関係が逆によくない方向に進んでしまう可能性が高いので、現実的かつ具現化できる動きをすることが重要です。

そして「今の苦境を乗り越えれば、このプランをみんなと一緒に実行できる。だから助けてほしい」と訴えるのです。

実は私にも経験があります。以前、大きなピンチに陥ったとき、これはちょっとやそっとでは立ち直れないし、仮に元の状態に戻っても危機が続くということが直感でわかりました。

そこで、必死になって確実なニーズが見込めるビジネスプランを考え、知人に相談に行ったのです。

そして前出の方法で、いかに自分たちがWin－Winの関係になれるかを説いたところ、想像以上の大規模な出資が実現。ピンチを切り抜けるだけでなく、新たなビジネスチャンスをつかみ取ることができました。

理屈ではない、社長の情熱がすべて！

そしてもうひとつ。ここが重要なポイントなのですが、とにかく熱意を見せることです。根拠のない精神論のように聞こえるかもしれませんが、真剣な熱意は、相手の心を動かします。

先に紹介した私の例ですが、あとになって、なぜあのときに自分のことを助けようと思ったのか聞いてみたところ「社長の情熱ですよ。この思いは本物だとわかったので、出資を決めました」とのことだったのです。

隙のないビジネスプランが話の前提になっていることはもちろんです。しかしそれだけでは、相手に、一緒になってリスクを背負おうという気持ちにまでなってもらうのは難しいと思います。

青臭いと思うかもしれませんが「絶対に成功させる。そのために助けてほしい」という本物の熱意は、人の心を動かします。

一度や二度うまくいかなくても、決して諦めることなく、熱意をもって相手を口説き落としてください。ピンチは必ずチャンスに変わります。

14 6人（タイプ）の救世主をピックアップ

自分と関わりのある人に助けてもらう

相談相手は〝近い人〟と〝遠い人〟の二者が必要と166ページで書きました。

ただし、近ければいいわけでも、遠い人なら誰でもというわけではありません。話をした相手が、本当に「相談」相手になるのかどうか、わからないからです。

そこで、「まずこのような人たちに相談するべき」という6タイプの人を紹介します。

「誰に相談したらいいのかわからない」というときの参考にしてください。

①過去に自分が助けたことがある人

私の経験から、自分が助けたことがある人は、自分のことを助けてくれる可能性が高いです。特に、意外かもしれませんが、相手が若いほど、その確率は高くなるように思います。もしかしたら「以前は◯◯さんに助けてもらったけど、今度は自分が◯◯さんを助けることができた。自分が成長できた」と感じているのかもしれません。

②過去に助けてくれた人

一度でも自分を助けてくれたことがある人は、ピンチの自分を見て「しかたないなあ」と思いながらも、助けてくれることが多いです。「こいつは、また失敗するかもしれないから面倒をみてあげないとダメだな」と思っているのでしょうか。

ただし、このように何度も助けてもらう場合、絶対にピンチを脱出するまでのタイムリーな報告、ピンチを脱出した後の報告、そして必ずお礼をしなくてはいけません。

理想的なお礼は、ピンチから脱出し経営が安定したら、相手に仕事を発注することや、相手にとってメリットのある人を紹介することです。相手だって、よい人脈とつながることや仕事をもらうことを悪くは思わないでしょう。

③助けてくれそうな人

まず考えるのは、自社が倒産すると困る人たちです。社員や家族はもとより、商品の仕入先である商社や問屋、あるいは自分が仕事を発注している下請け業者などのパートナー企業。そして事務所を借りているビルのオーナーさんなどなど……。あなたの会社が倒産してしまっては自分たちも困るので、真剣にならざるをえないでしょう。

ほかには、相談にのったり人助けをしたりするのが好きな人や、今のあなたと同様の苦労を味わってきた人も助けてくれそうです。

助けてくれそうな人に直接力を借りるのではなく「助けてくれそうな人」を紹介してもらう方法も有効です。

④助けてくれそうな人脈を持っている人を紹介してもらう

異業種交流会に入っていて、さまざまなジャンルのプロの知り合いがいる人であ

PHASE 7

れば、その人自身に助けてもらうのは難しくても、助けてくれる人を紹介してくれる可能性は高いでしょう。

⑤同じようなピンチを乗り越えた人

過去に、現在の自分と似たような状況を体験し、それを乗り越えた人に相談すれば、リアリティがあり再現性の高いアドバイスをもらえるでしょう。

その意味で、同業者や同じ規模感の会社を経営している人は、このタイプに当てはまる可能性は高いと思います。その中でも、自分の会社よりも社歴が長くて幅広い人脈があり、いつも忙しい人ならなおよいでしょう。人脈があり多忙だということは、言い換えれば「仕事ができる人、多くの人から頼られている人」ということであり、そのような人の〝ピンチ脱出法〟は学ぶべきことが多いはずです。

⑥同じようなピンチを乗り越えた人を知っていそうな人

これに当てはまる人には2パターンあります。

まず、異業種交流会に積極的に参加していて、幅広い業種に人脈を持っている人。いろいろな情報が入ってくるという点で、手助けになるでしょう。

もうひとつが、自社の取引先、特に仕入れ先の社員です。

仕入先に自社の状況を伝え、新たな協業先を紹介してもらったり、ピンチを解決するためのヒントになりそうな同業他社の成功事例や市場のトレンドを教えてもらったりするのです。

業界ならではの深く貴重な情報に接することができるはずです。

15 自社に「足りていないもの」と「無駄なもの」は何か?

「何が足りないか」は取引先が教えてくれる

好調な同業他社や、似た業種で同じくらいの社歴の会社と比較したときに、自社ないし社長自身が持っていないもの。

それが「本来あるべきものがない」という意味で「足りていないもの」です。ただ、他社の状況がわからなければ、それが何なのか気づくのは難しいでしょう。

そこでやるべきことが、仕入先や下請け業者からの情報収集です。

我が社の場合なら「ウチと同じように2011年頃に立ち上げた太陽光の会社で『ウチ

PHASE 7

にはなくて、その会社にはあるもの』を教えてほしいんだけど」という具合に、単刀直入に聞いてみます。

すると「ナンバー2がいないですね」「輝いている営業マンが少ないと思います」などいろいろな答えが返ってくることがあります。それが自社に足りない部分です。


あとひとつ、足りないものを、直接的に知る方法があります。

社長にとっては耳の痛いことかもしれませんが、退職する社員から会社への不平不満を聞いてみるのです。

社長が直接聞いても、退職する社員は言いづらいので本音は言わないかもしれません。その場合、退職する社員と仲がよかった社員を介して、聞いてもらうのもよいでしょう。

私の場合は「社長がせっかちすぎる」と言われたことがあります。確かに、お客様を待たせてしまうのが嫌だったり、結果を早く求めるあまり、社員を常に急かしていたのは事実なので、その点は配慮が足りなかったと感じました。

もっとも、退職する社員の意見は、本人が会社に合わないだけということもありますから、参考程度に聞いておけばいいのかなとも思います。

無駄を切るためのわがまま社長のすすめ

次に、捨てるべき「無駄なもの」については、経営者である社長が「これはいらない」と思ったものが、そのまま「無駄なもの」です。

別の言い方をするなら「社長の経営方針に合わないものはすべて無駄」というくらいでいいのではないかと、私は思っています。

例えば「お客様の要求にすぐ応える、お客様の満足がすべてに優先する」という経営方針の会社に、「自分は残業してまで客の相手をしたくない」という社員がいたら、改善が必要です。

大企業ならいざ知らず、中小企業の社長は、すべてのリスクを個人で背負って会社を経営しています。その覚悟のうえで、関係先や従業員とその家族、そして自分と家族の幸せを実現するために必死の思いで経営に取り組んでいるのです。

社員にせよ、コンプライアンスを過剰に意識した社内の仕組みにせよ、社長の経営方針に合わず、経営の邪魔になるものはすべて無駄と思うくらいに、社長はわがままになってもいいのではないでしょうか。

会社をよくするために足りないものは取り入れつつ、経営方針に合わないものは遠慮なく切り捨てていってこそ、理想の経営は実現できるはずです。

16 自社の「優れているもの」と「劣っているもの」は何か？

自社の優位点は「お客様」が知っている

自社に不足しているもの、無駄なものを把握できたら、次は、他社と比較して「優れているもの」と「劣っているもの」を検討します。

「優れているもの」、すなわち優位点としてわかりやすいのが、お客様が自社を選んでくれている理由です。それを知るには、お客様に「なぜウチを選んでくれたのですか？」と聞いてみてください。

「価格が安い」「サービスがいい」「社員の対応が丁寧」など、回答はさまざまだと思いますが、それがお客様から評価されている優位点ですから、今後もそこを伸ばしていきましょう。

もうひとつの優位点が「社員が会社を辞めずにいる理由」です。これは社長が考えてもわからないことなので、何かの折に社員に聞いてみてください。

「ほかに行くところがないから」などの消極的な回答は参考になりませんが、「社内の風通しがいい」「社長のリーダーシップが期待できる」など前向きな要素を伸ばしていけば、会社は必ず強くなります。

そして最後が「社長が自分の会社を好きな理由」です。

経営がピンチになっても会社を放り出すことなく、必死に立て直そうとするのは、社長が自分の会社を好きで、会社を通じて世の中に提供したい価値があるからです。

その価値こそ、社長が自信を持って他社に対抗できる優位点です。

ちなみに私の会社の優位点は、お客様が困っていること、望むことがあれば、利益は後回しにしてすぐに対応することです。例えば見積もりのとき、お客様に「できればこれも追加してほしい」と言われて問題がなければ、即決でOKします。

もちろん、利益をまったく度外視することはできませんが、お客様が私の会社を選んだことに満足してくれて、喜んでいる顔を見ることのほうが、私には価値があることであり、社員にもそう伝えています。

だから相見積もりになったときにも、社員は社長である私の確認を待つことなく、その場で付帯サービスの提供を決められるので、スピード感で競合に勝てるというわけです。

価格競争に巻き込まれないために

次に「劣っているもの」ですが、これは、同業他社と競合になったときに負けた理由だと私は考えています。これも優位点のときと同じように、お客様に他社を選んだ理由を聞くのが間違いありません。

自分では「ここは自分たちの強みだ」と思っていた点が、実はお客様の求めているものとはズレていたということもあるからです。

ちなみに、少し話がそれますが、負けた理由が価格だった場合、競合に勝つために価格競争に巻き込まれるおそれがあります。

もし経営が厳しい状態にあったとしたら、それは会社の体力を削るだけであり、なんとしても避けるべきです。

その場合の競合に勝つための方法は、コストをかけずにお客様に喜ばれる付加価値を提供することです。

例えば「この人から買いたい」と思わせる、丁寧でフレンドリーな接客を心がけたり、販売した商品やサービスに不具合や疑問点があればいつでも受け付けるといった「顧客ファースト」の姿勢を徹底することです。

他社より劣っている点をカバーする方法は、ひとつではありません。視点を変えて、自社に合ったムリのない方法を見つけましょう。

17 〈実施・検証・実施〉マイナスをゼロに、ゼロをプラスにする「問題解決サイクル」

動いてみて、〝少しよくなったこと〟を書き出してみる

ここまで、経営課題の解決やピンチからの脱出方法について考えてきました。

皆さんの中には、すでに行動に移した人もいるでしょう。そのような人に、このタイミングでぜひやってほしいことがあります。

行動の結果、少しでもよくなったことがあったら、どんなささいなことであってもそれを書き出してみる、ということです。

例えば、次のようなことはありませんでしたか？

「しばらく連絡を取っていなかった知人と会って話をしたら、いい情報をもらえたうえに、勇気づけられた」

「諦め半分で銀行に融資の相談に行ったら、まだ融資の枠が残っていた。資金繰りの目

処がつきそうだ」

「久々に社長自ら営業に出たら客の反応がよく、1件成約をもらった」

「社員と膝を突き合わせて本音で話し合ってみたら、社内の雰囲気がよくなって、今まで以上に社員が頑張ってくれるようになった」

「取引先に現状の問題を相談したら、効果的な営業方法や最近の業界事情を教えてもらえた」

どれも行動してみなければ実現しなかったこと、知らなかったことですよね。

「思い切って行動してみてよかった」

そう感じることが少なくないはずです。

行動することで仲間の存在に気がつく

せっかく動き始めたものの、モチベーションが持たず、継続できないこともあるかもしれません。

そのようなときには、先ほど書き出した「行動の結果よくなったこと」を見返してください。行動の効果を改めて実感でき、モチベーションが上がってくるはずです。

それだけでなく「この動きとこの動きを組み合わせれば、もっと効果的かもしれない」

など、新しいアイデアも浮かんできて視野が広くなるでしょう。そして動きにも幅が出て、的を射た動きができるかもしれません。

また、「よくなったこと」を思い返すのと同時に「誰のおかげでよいことが起きたのか？」を思い出してみてください。すると、自分は思っているよりもたくさんの仲間に応援されている、と気がつきます。

自分を応援してくれる仲間がいることがわかれば安心もするし、まだ頑張ってみようという気持ちにもなるでしょう。感謝を込めて、その仲間とまた会って話してみたい気持ちになるかもしれません。そんなときはぜひ「会う」という行動に移してみてください。会って話すことでまた新たな施策がひらめき、さらなる行動のきっかけが生まれるかもしれません。

課題解決やピンチの脱出に必要なのは「とりあえず、やってみよう」というフットワークの軽さです。

創業時には、誰もがエネルギッシュに動き回っていたはずです。そのときの勢いを思い出し、まずは行動して「よかったこと」をどんどん書き溜め、見返し、誰のおかげだったのかを思い出してみてほしいのです。

18 複数の問題解決策をメリット、デメリット、コスト、時間で比較する

少しでもメリットがあるなら進めるべき理由

163ページで、課題やトラブルの解決策を7個以上書き出してもらいました。でも、せっかく書き出したものの「実際の行動に移そうと思っているけど、どれからとりかかったらいいのかわからない」と言う人もいると思います。

では、どの解決策から行動に移すか。

私の場合、それを判断する基準になるのが「メリット、デメリット、コスト、時間」の4つの要素です。

そしてこの中で、私がもっとも重視するのが「メリット」で、続いて「コスト」。そしてこのふたつから、別次元並みに離れて「デメリット」、その「デメリット」から、さらにさらに離れて「時間」です。

この考え方はあまり一般的ではないと思うので、簡単に説明します。

●メリット

解決策を進めた際のメリットですが、私は「メリット」と「デメリット」を同じ比重では考えません。どんなにデメリットが生じる解決策でも（会社が倒産するほどのデメリットは論外ですが）、少しでも得られるメリットがあれば、それは「メリットがある解決策」だとポジティブに捉えます。

メリットとデメリットを同じ比重で捉えていたら、リスク回避の力が強くなって、いつまでたっても何の行動も起こせません。

「何もしない」というのは、最大最悪のデメリットです。だから、少しでもメリットがあると思ったら、即実行に移すべきです。

手にするメリットがたとえ小さなものであったとしても、後々そのメリットを増幅させる動きをすればよいのですから。

以前私も、ある工事を発注してくださったお客様から「御社のサービスと信頼を担保するため、この取引に保証会社をつけてほしい」という要望をいただきました。「そこまでして受注するメリットはないな……」とは感じつつも、何人もの知人を介して保証会社を紹介してもらったことがあります。

これで無事受注かと思っていたところ、結果的に失注してしまったのですが、「これをご縁に」ということで、保証会社の担当者と仲良くなり、「こんなサービスがあったら中小企業とそのお客様は喜ぶ」という「保証サービス」についての提案をいくつかさせてもらいました。するとなんとその提案に沿ったサービスが用意されるようになったのです。これには、我々もお客様も非常に助かっています。

もし初期段階で「手間暇がかかる」というデメリットを気にして取り組みをやめていたら、得ることができなかったメリットです。

●コスト

解決策に必要なコストは、抑えられるのであれば、それに越したことはありません。コストは数字として明確に示されるので、どんどん会社のキャッシュが減少していく様子を見ていくと不安になり「もう、やめようか」となってしまう可能性があるからです。もっとも、想定以上のコストがかかったとしても、それ以上に実施するメリットが大きい解決策の場合には、資金調達をしてでも進めるべきです。

ただし、資金調達ができたからといって、絶対に安心してはいけません。最大限のメリットを手にするため、動き続ける必要があります。

私の知人に、地方の駅前一等地で営業している、繁盛ラーメン店の店主がいます。彼の店はもともと駅前から遠く離れた住宅街にありましたが、当時、人口流出のために売上が落ち込んでいました。

なんとかコスト削減で対応していたのですが、限界があります。そこで彼はジリ貧になる前に勝負に出ました。

もともと味には自信があったので、銀行から融資を受け、人通りの多い駅前に移転したのです。

すると、見事に狙いは的中。あっという間に口コミでいい評判が広がり、行列店の仲間入りです。中には「もともと知ってはいたけど、場所が遠くて行けなかった」というお客様もいたそうです。

彼は大繁盛店となった今も、味とメニューの向上に取り組んで、サービスに磨きをかけています。

「時間」はおよその必要時間を見積もれば十分

●デメリット

「メリット」の項目でも書きましたが、よほどのことがなければ、デメリットは重視しません。気になる部分にとらわれず、解決策を進めるべきです。ただし、先にお伝えしたように、「エース営業マンをクビにする必要がある」「稼ぎ頭の事業を売却しなくてはならない」など、会社の存続にかかわったり、たとえピンチを乗り切っても、その後が立ち行かなくなるようなデメリットはＮＧです。

●時間

時間の長短は、ほとんど評価の対象にしていません。そもそも、課題の解決策は、短時間で済むからいい、長時間かかるからダメというものではありません。長時間が問題なのであれば、作業に関わる人数を増やしたり、個人で集中すればある程度は短縮できるはずです。

普段から何もしていない人に限って「時間がなくて進められないよ」と言います。本当はやる気がないだけなのに、時間のせいにしている典型例です。

知り合いの内装業者の社長は、まさに「時間がない」が口癖でした。現場も会社のマネジメントも、全部自分でやらないと気がすまない人なので、それは時間がいくらあっても足りません。

会社の経理もどんぶり勘定で、銀行から「このままでは融資に差し支えが出る」と言われても「銀行だって、ウチがいなくなったら困るんだから」とうそぶいて改善しようとしていませんでした。

ところが、融資の相談に行ったとき、ついに最後通牒めいたことを言われ、慌てて経理の整備を始めようとしたものの、今まで何もしてこなかったのですから、当然お手上げ。私に「どうにかしてくれない？」と泣きついてきたので、その場で税理士を紹介しました。

彼の会社を訪問した税理士には「よくこれで会社経営ができてましたね」とあきれられたそうですが、数週間で完璧な経理体制ができ、銀行からも評価されたそうです。

このように、時間は工夫次第でどうにでもなることが多いのです。「時間がかかるからこれはダメ」というのは、すでに敗者の発想だと言っても過言ではありません。

問題を解決できる社長は「時間がない」という言い訳はしません。「これで行こう！」と思ったら、一も二もなくとりかかります。

時間に関しては「おそらくこのくらいかかるだろう」というあたりをつけるにとどめ、解決策の良し悪しの判断材料にするべきではありません。

19 迷ったら「早い」か「安い」を選べ

素早く行動に移せるメリット

前の項目で、解決策を選ぶ際の4つの要素についてお伝えしましたが、どの解決策も一長一短があるようで、やっぱりなかなか決められないという人が多いでしょう。

そのようなときには、「早い」「安い」を基準にすると、決めやすくなります。

『時間は気にするべきではない』と書いたすぐあとになんだ」と思われるかもしれませんが、この真意は「この施策を進めたい。でも時間がかかる」という場合に、時間を言い訳にして取り組まないのはダメということです。

進めるべき施策の見当がつかないようであれば、コストがかからず、速攻で効果が得られる施策を進めるのが、最適解です。

話が少しそれますが、大企業では、経営課題の解決のためにコンサル会社を入れたりします。言わせてもらえば、それなどは「遅い」「高い」の最たるものです。

コンサル会社が入ってから具体的な対策が出るまでに何か月もかかり、その対策を具体的に実行するためには、さらに時間がかかります。

そしてその間もコンサル料金が発生するので、コストも非常に高くつきます。

だからこそ、特に中小企業の場合は、何をするべきか迷ったら「早い」「安い」で決めるほうがよいのです。

「早い」「安い」には社長の力が欠かせない

例えば、3か月後に資金がショートするおそれがあり、しかも営業の社員は頑張っているのに売上が立たないというケースを考えてみましょう。

よく言われるのが「優秀な営業マンを入れて、営業体制を立て直す」ということです。

実際、このような策に走る人も少なくないでしょう。

でも私からみれば、これは時間もお金もかかり、効果が薄い作戦です。まず、そもそも自社に合う人材を探し、入社してもらうまでに時間がかかります。しかも、ここを案外見落としがちなのですが、自社商材やサービスについて、見込み客に売り込めるようになるには、しっかりした知識や情報を身につけることが必要です。

即戦力になるような人材が入社するケースはなかなか確率も低く、普通は独り立ちするまで、それなりの時間がかかります。

当然、人を雇うので人件費も上昇します。これでは「遅い」「高い」で、しかも効果は未知数です。

では「早い」「安い」策は何かと言えば、社長が率先して営業に動くことです。社長なら、商品知識も社内事情にも精通しているから、今すぐにでも営業に出られます。また、追加で固定費が発生することもありません。

あるいは社長が同業者のもとに出向き、仕事を請けてくるという方法も考えられます。同業者は一般的には競合ですが、見方を変えれば、自社の仕事の発注先、あるいは元請けにもなりえます。

実際、売上の見込みが立たず、仲のいい同業者に相談に行ったところ、ちょうど人手不足だったということで仕事を受注し、難局を乗り切ったという話もよく聞きます。

まさに理想的な「早い」「安い」対策です。自社にあるリソースで使えるものは何でも使う。知人や友人に頼めることは何でも頼む。問題解決には、権威や知名度は関係ありません。「早い」「安い」が正義です。

20 ときにはチャットGPTにも聞いてみる

AIが人間よりも信頼できる理由

皆さんはチャットGPTのような、いわゆる「生成AI」を使ったことはありますか？私は以前、自動車の購入に迷っていたとき、ふと思いついて「こんなクルマを買おうかと考えてるんだけど、どう思う？」とチャットGPTに聞いたことがあります。

そのときの回答とやりとりが、まるで本当の人間と話をしているようで楽しく、それからたびたび、経営課題についてもチャットGPTと話をすることがあります。

例えば以前、知人の小売業の社長から「業績は絶好調なんだけど、銀行から融資が下りないんです。なぜなんでしょう？」と質問されたことがあるのですが、私も理由がわからなかったので、チャットGPTに尋ねてみました。

すると原因と思われることをいくつか返してきたので、その内容を相手に伝えたところ、「もしかしたら、これが原因かも」ということがありました。

それは「短期間での多額の資金流出」。なんでも彼は、直近3か月ほどで、新規出店用地を3か所ほど契約し、さらに倉庫も新しくしたり、運送用のトラックを購入したりと、数億円単位で出費したそうです。

「自分では積極投資のつもりだったんですが、銀行からはそうは評価されなかったんですね」

彼は、意外な盲点を突かれたようでしきりに感心していました。

その後、彼は改めて銀行の担当者と話をして、紆余曲折はあったものの、無事融資が受けられ、事業は順調に成長しています。

このように、自分では思いつかなかったヒントを得られることが、チャットGPTなどの生成AIを使うメリットですが、ほかにも私がチャットGPTを使う、いくつかの理由があります。

まず、信頼感です。今までお伝えしてきたことがあまりにも人間くさい内容ばかりだったので、「なんで急にAIをすすめるんだ?」と思われる方もいるでしょうが、AIに頼るメリットもあると私は感じています。

人間の場合、どんなに経験豊富でいろいろな壁にぶつかってきた人であっても、その人から得られる回答はあくまでも個人的な体験に基づいたものです。

だからときには、その話に「それは時代的に許されていたことだったり、タイミングがたまたまよかったからできたことなのでは？」と感じることもあるでしょう。その点、チャットGPTの回答は、AIが膨大な事例を分析した結果の、いわば普遍的な最適解です。

「気遣い無用」もチャットGPTの魅力

チャットGPTと話をすることには、ほかにも思わぬ利点があります。

生身の人間、特に目上の先輩などに相談した場合だと「せっかく答えてもらったのに、何も行動しないのはまずいなあ」などと余計な気を回さなければならない場面が多々あります。

その点、チャットGPTなら、対策を紹介してもらったからといって、必ずしも実行しなくてもかまいません。

取捨選択の自由は自分が持っているのですから「これは使えそうだ」と思ったものだけを行動に移せばOKです。

「人に相談するのは重たい」と感じていつまでもひとりで考えているより、チャットGPTを使うことで、確実に課題解決のスピードは速くなります。

21 自分専用の「問題解決マニュアル」を作成

自分の失敗をメモすることが成功につながる！

ここまで、いくつかの項目において思考の結果や過去の体験などを頭の中にしまったままにせずに明文化することをすすめてきました。「ピンチに陥っている現状分析」「仮の解決策」「過去に体験してきた5大ピンチ」など、いろいろと書き出してみたことと思います。

思考を文字化する理由は、それによって改めて考えが整理され、さらに文字になったものを繰り返し目にすることで脳に定着し、実際の行動を促すからです。

今回説明する「問題解決マニュアル」の目的も同じです。

ところで「問題解決マニュアル」というと、なんだか大変なものをつくるようなイメージがありますが、全然違います。正直にいえば「勘違いメモの集大成」というのがふさわしいかもしれません。

私は仕事をしていく中で「これでうまくいくはずだと思っていたのに、失敗してしまった」という「勘違いした出来事」をメモしています。

例えば、
「今回のプレゼン、ウケるかと思ってつくっていったスライドが完全にスベって失敗。ふざけすぎはダメだな」「新規の客先は、社長が絶対権力者だった。部長へのアプローチに時間をかけすぎて無駄な工数を使ってしまった……。もっと早く気づくようにしないと」といった内容のものです。

基本的には自分のための覚書なので、事細かに書く必要はありません。「そういえば、あのときはこうだったな、だから失敗したんだな」ということを振り返られれば十分です。

ちなみに、「勘違いメモ」をつくる目的は、失敗を深刻に反省するためではありません。むしろ、勘違いを楽しむくらいの気持ちで「あー、あのときはこんな風に考えてやらかしたんだったなあ（笑）」と、笑い話にしたり、自分の失敗パターンのデータベースを構築していくイメージです。

失敗や勘違いをしても問題はありません。大切なのは、そこから学びを得て、同じミスを繰り返さないことです。

自分の失敗を部下と共有することで会社が成長する

真剣に反省しなくても、このメモを見れば、自然と「前回はこれで失敗したけど、今回は前回の失敗を踏まえてちゃんと考えてるから大丈夫なはずだ」と、勇気が湧いてくる。そのような内容もメモにストックしていきましょう。このストックが自然と「問題解決マニュアル」になるのです。

なお、ここにメモすることは、勘違いや失敗以外でもかまいません。大切なのは、このメモを見ることで、次の行動への勇気や自信が湧いてくることです。

そしてもうひとつ。

先ほど、このメモは「基本的に自分のための覚書」と書きましたが、部下にも共有できそうなことがあれば、どんどん伝えてあげてください。アウトプットは部下の成長になるだけでなく、自分自身への定着にもとても有効だからです。

小さなメモ帳とボールペンの組み合わせでも、スマホのメモアプリでもかまいません。ぜひ明日からでも「勘違いメモ」をつくってみてください。

22 セルフイメージを維持するには人に会って話すこと

トレーニングなしではセルフイメージは確立できない

まず念のためにお伝えしておくと、私の考える「セルフイメージ」とは「他人からこう見られたい」「このような自分でありたい」という自分の願望です。

残念なことに、頑張って理想のセルフイメージに近づこうとしても、なかなかうまくいかない人が多いように思います。

例えば多くの出資をしてもらえる自分になるためには「夢を語り、それを実現できる力がある経営者」である必要があります。

また人脈を広げるためには、取り組んでいるビジネスだけでなく、人柄も魅力的なことが大切です。

そして人をまとめるリーダーであるためには、自分のことだけでなく他人のことも思いやれる人物でなければいけません。

このように、それぞれが目指すセルフイメージがありますが、こういった理想のセルフイメージを常に抱き、行動をそのイメージに近づけることで、実際に理想の人格、人間像が身につきます。新しい人間像は新しい行動の繰り返しによってつくられるのです。

どのようなセルフイメージをつくるにせよ、頭の中でイメージトレーニングをすることは必要不可欠ですが、それだけでは足りません。一番重要なのは、そのイメージを持って人とコミュニケーションを重ねていくことです。

例えば、同期の中で頭ひとつ飛び抜けた存在になりたいと思っている人がいるとして、誰も引き受けたくないような役割を会社から求められた場合、自ら率先してチャレンジする人と、チャレンジする同期を外から見ているだけの人では、将来どちらが頭ひとつ飛び抜けられる存在になる確率が高いと思いますか？

人とコミュニケーションをとる中で「この立場の人だったらどうするだろうか」と常に考え、そのイメージで行動し、期待通りの反応がなかったら修正していく。

その地道な作業の積み重ねが、理想のセルフイメージの自身への実装につながり、ひいては自己改革の実現にもなると思います。

セルフイメージを決めるのは〝他人〟

お酒の席での話ですが、ここ数年私は「お酒を飲むと普段よりもポジティブになり、人に優しくなる性格なんだ」とセルフイメージをしています。なぜならば、お酒の席でトラブルを起こし、大問題に発展させてしまう経営者をイヤというほど見てきたからです。

誰かと飲んでいるときは、仕事にせよ人間関係にせよ、ネガティブなことはほとんど話しません。問題があって相談を受けたり、反対にこちらから相談するときも、基本的にはポジティブな姿勢を崩しません。

そして家族にはお土産を買って帰ったりします。そのおかげもあり、我が家では、飲み会に行くことを奨励されている……気がします（笑）。

このようなセルフイメージを維持するために、私は積極的に人と話をして、たえず自分にフィードバックしています。

帰りの電車の中では、今日飲み会で聞いた話の内容、その相手にしてあげられそうなこと、紹介できそうな会社や人の名前をスマホにメモしておく。

セルフイメージをつくるのは、自分ではありません。他者との関係性、そして新しい行動の繰り返しです。人と多く接していく中で、どんどん自分の理想に近づき、またその理想像も進化していくはずです。

23 右肩下がりでもコツコツ続ければ未来が開ける！

右肩上がりに意味はない

社長をやっていれば「右肩上がりの業績」にこだわりたくなるのは当然です。ただ、グラフが上がっていようが下がっていようが、それは売上や利益という、会社の「見た目」を表しているだけです。グラフは右肩上がりでも、内実は多くの問題が発生していて社員の退社が相次いでいる会社もあれば、売上や利益は右肩下がりではあるものの、社員の能力が急成長していて活気が溢れ、今後が楽しみという会社もあります。

社長はグラフの上がり下がりがどうであれ、自社のポテンシャルにフォーカスして、常にポジティブに、そして感謝の気持ちを持って仕事に取り組むべきです。

ここで私の経験を紹介しましょう。

２０１１〜２０１３年当時、私の会社は、複数の太陽光パネル販売会社の下請けになり、パネル設置工事を請け負っていました。めまいがするくらいに暑い夏の日も、凍えるように寒い冬の日も、お客様の家の屋根の上で工事をしていました。

屋根の上は、何も遮るものがないので日差しや風をもろに浴びます。体力を削られ、正直言ってかなり過酷です。さらに現場から帰ってきたら翌日の現場の太陽光パネルを倉庫から出してトラックに積み込み、夜中は電力会社の申請の書類を作成。文字通り、寝る間を惜しんで仕事をしていました。

一方、たまに用事があって販売会社に行くと、そこは別天地でした。暑い夏の日、こちらが汗まみれの服でぜーぜー言いながら事務所に入ると、エアコンの効いた室内でスーツ姿の社員たちが談笑しているのです。

当時は太陽光バブルだったこともあり、パネルは飛ぶように売れていました。そして、彼らの仕事はといえば、営業以外は下請けの私たちに丸投げ。販売会社はまさに、天国のような環境で、右肩上がりの急成長をしているように見えました。

一方、下請けの私たちは、こなせる作業量には限界があるので、利益はよくて横ばい、人手不足で臨時の職人に仕事を頼んだりすると、減ることすらありました。

苦労をどう捉えるかで未来が変わる

そんなとき「自分たちはこんなに苦労しているのに、元請けの連中は涼しい顔で楽な仕事をしている！」と思う人がほとんどでしょう。

でも私は、負け惜しみではなく、まったくそうは思いませんでした。「今自分たちは、お金をいただきながら、太陽光パネル工事に関する一切の業務のノウハウをどんどん吸収させてもらっている。このノウハウをもって太陽光パネルの販売も始めたら、余裕で元請けさんを追い越せる」。そう考えていたのです。

現場の知識や経験があってモノを売るのと、それがまったくない状態で売るのとでは、お客様の受ける印象はまったく違います。

そして私は、現場仕事を進めつつ販売のノウハウも蓄えたところで、営業活動を始めました。すると受注件数は予想以上にぐんぐん伸び、下請けの頃はほぼ平坦だったグラフは右肩上がりになったのです。

一方、右肩上がりの成長を続けていた元請けは、その後鳴かず飛ばずとなり、ずいぶん前に廃業した会社もあると聞いています。

私たちの売上グラフの見栄えが冴えなかった頃、必死に蓄えていたものが、花開いたということです。

繰り返しますが、今、グラフの傾きがどうであっても気にしないでください。今やるべきことにフォーカスすること、そして未来の自分が大きなご褒美を手にするために、今の経験をどう活かすかを考え、誠実に行動することが、数年後に勝者になるための条件です。

PHASE 8

資金難、競合の妨害、人事トラブル……

経営のピンチはこうして乗り切る

1 「助かる道」は逃げ道の倍以上存在する

ほとんどの悩みにはすでに解決法がある

「過労でうつになった」という話を聞くと、健康な人は「会社を辞めればいいのに」と思いますよね。しかし、人は追い詰められると「これができない自分はダメだ」「もう生きているのがつらい」というマイナス方向にしか思考が向かなくなってしまうそうです。ピンチにあえぐ経営者も同じです。ギリギリまで自分自身を追い詰め、「もうダメだ」と、倒産や、最悪の場合は自殺などに走ってしまうのです。

そんなときは一歩引いて、自分と自分の周囲を見直してください。そして誰かに相談してみてください。そうすれば、いろいろなことが見えてきます。

「自分は今借金でいっぱいいっぱいなので、このままだともう生きていけないと思っていたけど、自分の何倍もの借金があるのに、全然気にしていない様子で、前向きに頑張っている人もいるんだな。乗り切る方法を聞いてみよう」

「契約が増えないのは、商品の問題じゃなくて、ただ単に営業スタイルが時代に合っていなかっただけなのかもしれない」

など、自分の抱えている問題は、たいていの場合は解決策があり、自分も会社も助かる道があることに気づくはずです。

「助かるための知恵」を誰かが授けてくれる

ある飲み会の席で、知人から「親戚がやっていた出版社が倒産してしまって……」という話を聞きました。その出版社は著名作家の作品やベストセラーなど、価値のあるコンテンツをたくさん保有していたものの、長引く出版不況に耐えきれず、倒産してしまったのだとか。

「それは残念だったね。で、負債はいくらだったの？」

興味半分で聞いてみたのですが、私はその金額に驚きました。

「たったそれだけなら、全部面倒を見て買ってくれる会社なんていくらでもあったのに」

異業種交流会で知ったのですが「出版事業を持っていると箔がつく」と考えている社長は世の中にたくさんいます。すぐにスタートアップの経営者やＩＴ企業の社長、通販会社の社長など、買い手になりそうな社長の顔が私の頭に浮かびました。

もし私が両者をつないでいれば、出版社は倒産せず、また膨大なコンテンツは多くの人に楽しんでもらうことができたはずです。

そう話すと、彼は
「ええ!?　だったら早く言ってくださいよ」

と口を尖らせていましたが、それはこちらのセリフです。

「困っているんだったら、とにかく誰かに相談することだよ」

倒産や自殺という結論はひとつだけです。しかも、決定したら変えることはできません。

一方、その反対に助かる道は、自分が知らないだけで、いくらでもあります。

「生きてさえいればなんとかなる」というのは本当なんです。

2 職務怠慢　早めの「損切り」で生産性向上、売上UP

かつての真面目社員の変貌に頭を抱える社長

社内のトラブルは、小さな芽のうちに摘んでおくのが鉄則です。特に、社長が問題社員だと感じるような人物は、できるだけ早めにお引き取りいただいたほうが、会社のため、ほかの社員のためです。

個人宅への配送がメインの、ある運送会社の話です。

社長の父親である会長の縁故で入社したベテランドライバーがいました。基本的に真面目で、地道に仕事をこなしていましたが、コロナ禍以降、少し様子が変わってきました。

全社的に急激に業務量が増え、顧客からのクレーム対応などに費やす時間が長くなってきたことでストレスや会社への不満がたまってきたのか、勤務態度に問題が目立ち始めたのです。

配達時間が遅れたり、荷物の扱いが雑だったり、顧客の質問にろくに答えなかったり……。会社へのクレームも多くなり、社長も頭を悩ませていました。

そしてついに、決定的なことをやってしまいました。配達先のガレージに駐車してあったクルマに、なんと当て逃げをしたのです。本来なら警察沙汰になるところですが、顧客が警察に通報する前に会社に連絡をしてくれたので、社長が飛んで謝罪に行き、修理費用の全額負担はもちろん、代車の手配もする旨を伝えたところ「まあ、今回は」と、内々の話で済ませることができました。

ただ社長の立場からすれば、会長の縁故とはいえ、今までの勤務態度のこともあり見過ごすわけにはいきません。「損切り」もやむなしと考え、退社させることにしました。

見事にマイナスをプラスにリカバリー

とはいえ、むげに解雇したのでは、さすがに角が立ちます。そこで、自発的かつ円満に退社してもらうよう話をしました。

「今回のことは、お客様のおかげで警察沙汰にならずにすんだけれど、今度何かあったらそれではすみません。たぶん、今の業務内容だと忙しすぎて、肉体的にも精神的にも負担が大きいのでしょう。ドライバーとしての技量はピカイチなんだから、健康なうちに、落ち着いて仕事ができるルートドライバーに転身したほうがいいんじゃないですか？」

するとすべてを悟ったようで、おとなしく荷物をまとめ、会社を去ったそうです。

ただこれで問題が終わったわけではありません。猫の手も借りたいくらいの忙しさなのに、ドライバーが減ってしまったことで、仕事が回らなくなるおそれがあります。

そこで社長は社員の前で今回の経緯を説明し、業務を回す方法をみんなで考えようとしていたところ、ひとりの社員が「僕の友人で、今はフリーターなんですけど、ドライバーができるヤツがいます。話をしてみましょうか？」と言ってくれたのです。

紹介された男性は、真面目で愛想もよく、テキパキと仕事をこなすので以前よりスムーズに配送が完了するようになり、生産性も向上したそうです。

この運送業の社長の場合は「災い転じて福となす」結果になりました。「損切り」する勇気は、会社の運気をもよくするのかもしれません。

3 競合優位妨害 戦うフィールドを変えて「弱肉企業を卒業」

強力な競合とは徹底抗戦？　軍門に下る？

自社よりも強い競合が出現した場合、どう対処するべきでしょうか。黒田官兵衛クラスの軍師が社内にいれば、果敢に立ち向かうことも可能かもしれませんが、残念ながらそのようなケースはまれでしょう。

それでは、あえなく自分たちの顧客を食い尽くされて倒産するか、あるいは損害を最小限に食い止めるために早々に相手の軍門に下り、一兵卒になるか、という選択しかないのでしょうか。

もちろん、そんなことはありません。勝ち目がないと思うのであれば、さっさと戦いのフィールドを変えることです。会社の規模が大きいと、変わり身には時間とコストがかかりますが、中小企業の場合には、比較的容易に転身ができます。

PHASE 8

そして新たなフィールドで、また自分たちのポジションをつくっていくことです。

相手の嫌がらせを〝ものともしない〟方法

ここでは巧みにフィールドを変えることに成功した事例を紹介します。

異業種交流会仲間に、投資用マンションの販売会社を経営するA社長がいます。投資用マンションは基本的に、新築物件のほうが借り手がつきやすく、また修繕費用もかからないので、オーナーすなわち顧客にとって魅力的というメリットがあります。

A社長は新築物件をメインにテレアポで顧客を開拓し、新築マンションブームにも乗って、順調に事業を拡大していました。

ところが同じエリアに、全国展開をすすめる競合が進出してきたうえ、妨害行動に及びました。見込み客に電話をしてA社長の会社の名前を挙げ「あの会社よりいい条件を提示できます」「最近、あの会社から別の会社に乗り換える資産家の方が少なくないらしいですよ」などの話をしていたそうです。

汚い手を使われ、怒り心頭のA社長は対抗策をとろうとしますが、知名度の差は歴然で、A社の売上はどんどん下降していきました。

そこでA社長は、ビジネスのメインフィールドの変更を決意。新築マンションから中古マンション投資に変え、ビジネスエリアも少し移動したのです。

「戦略的撤退だよ」とA社長は笑っていましたが、この作戦が見事に的中。特にエリア的に、中古マンション投資に関心がある顧客層が多かったことで、業績は順調に回復しているそうです。

自分のビジネスにプライドを持つことは大切ですが、状況が変わってもそれに固執することは必ずしも正しいこととは限りません。広い視野を持って、アメーバのように柔軟にビジネスを進め、意地でも生き残りましょう！

4 人事トラブル 誠実に対応して「ちょい負ける」が正解

辞めた社員から突然の理不尽な要求が！

世間のほとんどの社長は、社員との関係について悩んでいることと思いますが、社長になって十余年の私には、社員との関係でひとつ確信していることがあります。

それは、辞めていく社員の言い分にも聞く耳を持ち、こちらの主張を１００％通すことはしないほうがよいということです。

私は本書で「使えない社員はすぐクビに！」といったことを何度か書きましたが、私自身、実際にはすぐクビにしているわけではなく、ちゃんと筋を通し、聞くべきことは聞き、言うべきことは言って、お互いのためになるような形で退社してもらっています。

これも事例で説明しましょう。

私の後輩で外壁塗装の会社のB社長がいます。彼の会社では、営業部員はインセンティブ制を導入していました。お客様と契約をして工事を進め、完了したら入金いただく。そこまで完了して、初めてインセンティブが発生する仕組みです。

数年前のこと、ある営業部員が契約を取り、いよいよ工事に入る段になって「社長の方針が気に入らない」と、突然退社してしまいました。

営業部員は、工事期間中にお客様とコミュニケーションをとって、トラブルなく工事を完了させるために必要な存在です。そこでやむなく別の営業部員を代理に立て、なんとか工事を完了させました。

ちょうどその頃、辞めた元社員が「あの工事は自分が契約を取ってきたんだから、自分は満額のインセンティブをもらう権利があるはずだ」と言ってきたのです。

「損して得取れ」の精神でトラブルを乗り切る

これにはB社長もカチンときたそうです。なぜ契約を取ってきただけで辞めてしまった社員にインセンティブを払う必要があるのか、と言うのです。

ただ、B社長にも弱みがありました。インセンティブ支払いの条件は暗黙の了解であり、就業規則や雇用契約にも明記されていない、いわばグレーゾーンではあったのです。

「社員を都合よく使おうとしている社長に見えたんでしょうね」と反省の弁らしきことを話していたB社長は、いろいろな人に相談した結果「このままもめていても、何も解決しない。インセンティブの条件をはっきりさせていなかったこちらにも落ち度がないわけではないから、ある程度の金額は支払おう」と考えを改めました。

そして元社員と交渉を重ね、本来のインセンティブの50％を払うことで決着したそうです。

後日、B社長に「それにしても、ほとんど何もしなかったヤツに、よくそれだけの金額を払う気になったね」と言うと、彼はこう答えました。

「契約を取ってきたのは彼ですからね。その点は評価しようと思ったんです。それに、あまりごちゃごちゃもめてSNSにあげられても困るし。そもそも、こんなトラブル処理に時間をかけるより、新しい契約を取ってきたほうが、生産性があります。『損して得取れ』ですよ」

確かになあ、と思いました。偉そうなこと言わせてもらえば、自分がどんな社長像を描くにせよ、私自身もひとりの人間として常に誠実でありたいと思っています。

5 資金難「倒産直前」に知人の協力で500万円を調達

知人の言葉で事業への意欲が倍増

数日後は手形の決済日。でも、どうしても必要な金額を用意できない。せっかくここまで育ててきた事業もいよいよ終わりか……。

そんなつらい思いを経験した人はいないでしょうか。

私の経営者仲間にも、明日の支払いができなかったら会社をたたむしかないという状況に追い込まれた人がいます。

ここではC社長としておきましょう。

しかしC社長は、まさにその前日に必要なお金を集め、なんとか倒産を回避。そのポイントは、C社長が自分の仕事の価値を信じていたことにあります。

C社長の会社は、建設用資材の製造・販売をしています。C社長は若い頃、鳶の仕事をしていたのですが、父親が「そろそろ引退したい」と言うので会社を引き継ぐことになったのです。

そんなC社長の口癖は「もっと楽で安全な現場をつくりたい」ということでした。建設現場では高齢化が進んでいます。そのため、働く人たちにとって体力的にきついことや危険なことが多く、C社長も作業員の様子を見て「これは危ないな」と思うことが一度や二度ではなかったそうです。

そこで自社で、軽量で取り付けが簡単、しかも安全性の高い落下防止器具の開発を進めることにしたのです。

試作品を中堅の工務店の知人に見せたところ「これはいい！ ウチとつきあいのある会社に使ってもらいたいから、完成したら教えてね。絶対にみんなほしがるよ」と反応は上々。評判次第では、工事現場の定番になるのではないかと、C社長はますます意欲を燃やしました。

強い信念で人を動かす

ところが、そこを襲ったのが資金繰りのピンチです。数日後の支払いのあてにしていたはずの5000万円の入金がなかったのです。入金してくるはずの社長とも連絡がつかず、しかも銀行の融資枠もほぼいっぱいの状態。

現預金をかき集めても、どうしても500万円足りません。もし今回の支払いができなかったら信用は大きく毀損し、いずれ会社は立ち行かなくなります。

「今つくっている落下防止器具の開発は、絶対に成功するはずだ。ここで会社をつぶすわけにはいかない」

C社長はその一念で、数日かけて何人もの友人や知り合いの経営者に頭を下げて回ってお金を集めまくったところ、銀行が閉まる数時間前になんとか不足分を補え、ギリギリで支払いに間に合い、ピンチを切り抜けたそうです。

5000万円はまだ回収できていませんが、その後、開発中の落下防止器具を気に入った大手建設会社から出資をしてもらえることになり、経営はさらに順調だそうです。

「頭を下げるだけでなく『この落下防止器具が明日の建設現場を救うんです！』と訴え続けたからね。自分自身、本気でそう思ってるし。これから、あのときに世話になった人たちにどんな風に恩返ししようかと考えてるんだ」

そう話すC社長の表情は屈託なく、とても晴れやかでした。

6 自己破産 自己破産はしない！ ○○で復活！

経営者は自己破産するべきでない理由

昨今、「破産してもそんなに大きなダメージはない」という認識が広まったためか、安易に自己破産を選択する人が増えたような気がします。

皆さんの中にも、そのような考えの人がいるかもしれませんが、経営者はできるだけ自己破産はするべきではないと思います。

当分の間ローンが組めなかったり、クレジットカードが使えないという日常生活での不便もさることながら、一番重要な金融機関からの信用が地に落ちます。

再起して事業を始めようにも、銀行からの融資は難しくなるので、自前で用意するか、

PHASE 8

なんとかして出資者を見つけるしかありません。

もう一度経営者として表舞台に立てたとしても、なかなか労力がいるので今以上に大変な日々が待ち受けているということです。

「そう言われても、すでに資金繰りに行き詰まってるんだ。自己破産してチャラにするしかないだろう」と言う人もいるでしょう。

そんな人に知ってほしいのが、一時的に悪化した経営状態の改善目的に利用できる「資本性ローン」*）です。

これは日本政策金融公庫が実施している制度で、無担保、無保証人での借り入れが可能。融資期間は5年1か月から15年で、返済期日が来たら一括で返済します。

「ローン」という名前がついてはいますが、出資を受けたイメージに近いかもしれません。

儲かれば儲かるほど最終的な利息は高くなりますが、月々の返済義務がない分、資金繰りの不安がなく、事業に集中できるでしょう。

私は利用したことがありませんが、実際に利用した人に話を聞くと「頑張って返さなくちゃという気になるので、モチベーションがすごく上がる」そうです。

審査が厳しかったり、事業計画書の提出や定期的な経営報告が必要だったりとハードルは高めですが、自己破産した後の不便さや経営者復帰が困難になることを考えれば、挑戦してみる価値は十分にあります。

地に足のついた事業計画で融資を有利に

資本性ローンの利用に際し、少しでも融資の可能性を高くするために、現在の事業を一歩進める計画があるとよりよいでしょう。

知人の和菓子店の例です。

商品は上質でいいものなのですが、「和菓子」というとなんとなく渋くて今風ではないイメージがあるのか、売上は年々落ち込みが続いていました。このままではいよいよ閉めなくてはダメかもしれないというとき、私が紹介したのが資本性ローンでした。

ただし融資を受けるには、事業拡大の可能性が感じられたほうがよいので、そのチャンスをつかむために、店主に異業種交流会への参加をすすめました。

その結果、某デパートの社員と知り合い、ポップアップショップへの出店が実現。そのときにインバウンドに受けそうな和菓子を並べたところ大人気となり、完売が続きました。

PHASE 8

この成功をもとに「インバウンド向けの和菓子販売」を軸に事業計画を練り上げたところ、無事に融資が実現したのです。

数年前は「完全に詰んだ」とうつろな目をしていた店主は、今では10年後の完済を目指して、日々新しい和菓子づくりに取り組んでいます。

自己破産のためにネガティブなパワーを使うくらいなら、全力で資本性ローンの融資実現を目指してほしいと思います。

＊）日本政策金融公庫挑戦支援資本強化特別貸付（資本性ローン）
https://www.jfc.go.jp/n/finance/search/57.html

7 心神喪失 倒産寸前、「妻のひと言」で初心に戻れた

心が軽くなった妻の言葉

「もう倒産するしかない……」

いったんそう思い始めると、底なし沼に落ちたように、そこから抜け出すのは難しくなります。自暴自棄になったり、まったくの無気力になったり、さらにうつのようになってしまう人も珍しくありません。

そのような状態の社長を救えるのは、身近な人です。身近な人の言葉が、病んでしまった社長の心を、元通りにしてくれるのです。

友人の鈑金工場の社長の話ですが、いよいよ資金ショートかという状況になり、ひとりでぼんやりと工場の中で立っていると、後ろから奥さんがやってきて、こんなことを言ったそうです。

「人が生きていくうえで大切なものは3つあると思う。それは『愛情』『健康』、そして『お金』。お金は自分で稼いだり、人から借りることができるけれど、愛情と健康は貸し借りできないし、自分自身でなんとかしなくちゃいけない。今のウチは、愛情と健康には困ってなくて、一番どうにでもなるお金で困ってるだけなんだから、幸せだよね。ウチは大丈夫」

それを聞いた彼は、思い詰めていた心がふっと軽くなったそうです。

「『ウチにはもう必要なものがふたつそろっている。あとは自分がカネをなんとかするだけなんだな』ということに改めて気づいたんです。そこから創業時のように行動しまくってお金を集め、ピンチを切り抜けました。今の自分があるのも、妻のひと言のおかげです」と彼は話してくれました。

社員に励まされて立ち直る社長もいる

また、社員の言葉で初心に戻れたという社長もいます。

事務機器販売会社の社長をしている知人は、売上の低迷が続き、業績は完全に右肩下がり。このままでは遅かれ早かれ倒産は間違いないと思い、社員を集めてこう言いました。

「みんなもわかっているように、ウチの会社はもう将来がない。1回たたんで、みんなでもう1回やり直そうか」

すると、ひとりの社員が社長を励ますように、こう話したそうです。

「社長、何を言ってるんですか。この会社のポテンシャルはまだまだありますよ。今は厳しくても、絶対に復活できます。自分たちはもっと一生懸命仕事をするので、社長も初心に戻って一緒に頑張ってください」

それを聞いて「みんな、そんなにこの会社を大切に思ってくれているのか。自分がここで逃げるわけにかない」と改めて奮起し、社員と一緒になって営業回りを始めました。

その結果、少しずつ売上を戻し始め、今は回復基調に乗っています。

ほかにも、脱サラをして起業したもののうまくいかず、かつての同僚に愚痴をこぼしたところ「だったら会社をつぶして、もう1回サラリーマンやればいいじゃん。元に戻るだけだよ」と言われ、「そうか、会社が倒産してもどうってことないんだなと、いい意味で開き直れました。そうしたら、いろいろなことがうまく回り始め、売上もいい感じで増えています」というＥＣの経営者もいます。

皆さんも本当に心が折れてしまう前に、苦しいときは「苦しい」と身近な人に伝えてみてください。お金では決して買えない「勇気が出る魔法」をかけてもらえるかもしれません。

エピローグ

1 ピンチ体験が〝強い経営筋〟をつくる

ダメージがなければ筋肉は育たない

筋トレをしたことがある人ならご存知だと思いますが、重たいダンベルやバーベルを持ち上げても、そのまま筋肉が太くなるわけではありません。

つらいトレーニングをすると、筋肉の繊維は、一度壊れます。そして修復されるときに、さらなる負荷に耐えられるよう、強くて太い筋肉になるのです。つまり強い筋肉をつくるためには、ダメージを与えることが必要ということです。

会社経営のための〝経営筋〟も同じことです。乗り越えてきたピンチの数や深さに応じて知見と胆力がつき、〝経営筋〟は強くなっていきます。

昔風の言い方だと「修羅場をくぐる」ということになるでしょうか。いくつもの修羅場を体験することで、ピンチを乗り越える打ち手の数は増え、判断力は研ぎ澄まされ、経営者としてのレベルはどんどん上がっていきます。

いまピンチに陥っている人は「自分は経営筋を鍛えるためのトレーニングをしているんだ。これを乗り越えたら、自分はもっと強くなっているんだ」と自らに刷り込んでください。

ピンチの先の未来を信じる

そしてピンチを乗り越えて経営筋をますます強くするために何より大切なことは、今よりも明るい未来がくることを信じることです。

「この危機のあとは、純利益1億円の会社になっているはず」「入社希望者が殺到する人気企業になっている」「ウチと仕事をしたいという会社で行列ができる」など、なんでもかまいません。

その未来が実現している様子を明確に思い浮かべてください。その思いは、筋トレの前後に飲むプロテインのように、経営筋を強く育ててくれます。

「神は乗り越えられない試練は与えない」という言葉を耳にします。「自分なら大丈夫だ！」という信念と鍛え上げられた〝経営筋〟をもって、ピンチに立ち向かってください。

2 結果が出なくても「今日の努力は1年後のため」

今の自分をつくったものの正体

「今日、頑張って行動しているのは、未来の自分へのご褒美をつくるためだよ」

私は、社員に向けてよくこんなことを伝えています。

「未来がどうなっているかなんて『神のみぞ知る』だよ」と言う人もいるでしょう。

もちろん、未来がどうなっているかは、誰にもわかりません。ただここで、少し昔のことを思い出してください。

3年前は、どんな仕事に取り組んでいましたか？

2年前には、人生についてどんな選択をしていましたか？

そして今は、その頃予想していた自分になっていますか？

そう、今の皆さんをつくっているのは、神様だけでなく、過去の皆さんでもあるのです。

「あのとき踏ん張っておいてよかった」と過去の自分に感謝する人もいるでしょうし、

逆に「あんな会社と取引をするからひどい目にあったんだ。やめればよかったのに」と恨み言を言いたくなる人もいるかもしれませんね。

過去の経験はこうして未来に活かす

過去は変えられなくても、反省を未来に活かすために、過去の出来事をよい方向に解釈することはいくらでもできます。頑張りが足りなかったと思う人はもっと頑張ればいいし、おかしな選択をしてしまったと思う人は、同じ間違いを繰り返さなければいいのです。その失敗に気づけたことがそもそも成功なのです。

これから先、何を積み上げていくかで、将来もらえるご褒美に違いが出ます。がむしゃらに頑張ったからといって、すぐ大きな成果が出ることはまずありませんが、まったく何も得られないこともありません。

Facebookでは、たまに「○年前の思い出」という過去の自分の投稿が表示されます。それを見ると「ああ、この頃はこんなことやってたんだな」と感慨深いものがあると同時に、「自分も結構変わったんだな」ということに気がつきます。

大きな変化は、自分でも気づかないうちに、時間をかけて現れるものです。

一方、小さな変化はすぐに現れます。その変化にいち早く気づき、気づいた変化をどうやって進化させていくかというマインドを日常化すれば、大きな目標を持つことが楽しく感じるようになります。

「これはムリだろう」と思うような目標を立て、そこに向かっていけば、少しくらい失敗しても、スタート地点からは大きく前進しています。その前進を楽しめばいいのです。

ちなみに私は、数しれぬ失敗をしてきましたが、２０１１年に会社を立ち上げたとき「将来こうなっていたらいいな」と思っていた姿の５００％くらいを、今達成できていると思います。そして10年後、20年後の自分は、今の１０００％増しの〝最強おじいちゃん〟を目指しています。

無限の可能性を持って生まれたあなただからこそできる大きな目標に向かい、素晴らしい未来を積み重ねていってください。

ピンチを防ぐ5つの経営習慣

健康でいるためには「暴飲暴食をしない」「適度に運動をする」といった「体によい習慣」を続けることが大切です。

会社経営にも、健康維持と同じように「ピンチを防ぐよい習慣」があります。これを実践するのとしないのとでは、会社経営の安全度が大きく違ってきます。

以下に紹介する方法を、ぜひ実践してください。

①当然の権利を主張してみる

私の会社のような建設系の会社の場合、仕事を受注しようとすると、元請けから「過去○期分の決算書を出せ」と言われることがあります。問題がなければ堂々と提出すればいいのですが、それなら先方にも決算書を見せてもらうべきだと、私は思います。

こちらの信用度を確かめたいのかもしれませんが、代金を受け取る側よりも支払う側の信用度のほうが、はるかに重要な問題ですよね。私は、ビジネスはお互いフェアでなければよい関係は築けないと思っているので、代金を支払う能力がある会社なのか確認のために、決算書を見せてくれと求めることは当然だと思っています。

今のは一例ですが「こっちだって権利を主張していいはず」と思う場面では、遠慮せずに堂々と伝えましょう。

「そうはいっても、客先にあれこれ言うのはちょっと……」という場合には、『○○したいので、お願いできますか？』と伝えてください。

先の決算書の話でいえば、「社長として社員と会社を守らなければならないので」と言えば、よほどのことがなければ見せてもらえるはずです。

逆に、こちらの正当な権利や主張を拒むような会社とは取引しないほうがよいでしょう。何か裏があるか、自分たちのほうが偉いと勘違いして仕事をしている可能性が高いです。

②「いい人」をやめてみる

ここでいう「いい人」とは、波風を立てない、主張しない、人にムリをさせないという人のことと思ってください。

例えば仲間内で会社を立ち上げたとき「将来を考えたら、今は毎日１００件営業をかけて得意先を開拓するべきだ」と思っていても、ちょっと抵抗されると「調和を崩したくない」「嫌われたくない」と考え「確かに大変だし、とりあえず回れるところを回ろうか」などと、その場をやり過ごしてしまうようなタイプの人です。

「調和型の人」といえば聞こえはいいですが、平時のときはともかく、会社がピンチでも「いい人」が社長をやっていたら、倒産してしまいます。

私は、社員と会社の双方にとって本当の「いい人」とは「会社をしっかり成長させ、社員の生活を継続して安定させられる人」だと思います。

そのためには、社長は多少軋轢が生じたとしても自分の意志を貫ける人であるべきです。社員に「言われたときは戸惑ったけど、最終的に社長の言う通りにしておいてよかった」と言われるような「いい人」を目指しましょう。

③ 普段の話題で「自社の弱み」を小出しにする

私は本書で、人に相談することの重要性について伝えてきました。ただ、物事にはやはりタイミングがあります。昨日まで何の連絡もなかった知人が、突然「何も聞かずに1500万円貸してくれ」と言ってきたら、誰でも驚くし、まず貸さないと思います。

しかし、同じ人が折に触れ「今やっている仕事、売上は大きいけど持ち出しが多いんだよなあ」「ここ半年くらい、毎月500万円くらいマイナスだよ」「あと半年くらいで回収できるんだけどね……」など、苦境を小出しに伝えていたら、どうでしょうか。

聞くほうも「こいつ、ちょっと苦労してそうだな。そのうち、借金の相談があるかもしれないな」と、心とお金の準備ができます。

また、普段からそんな話をしていれば、相手も何かの折に「こんな融資があるよ」「補助金や助成金に強い士業の人を紹介するよ」などと教えてくれるようになります。

弱みを小出しにすることは、ピンチになったときも、またピンチの予防策としても有効です。

④お天道様は見ている！「誠実・健全な心」で経営する

私は以前、キックボクシングジムに通っていたのですが、トイレの壁にこんなことを書いた紙が貼られていました。

「誰も見ていないときの姿が本当の自分」

これを見て私は、昔、祖父や祖母に「悪いことはしちゃいけないよ、お天道様が見ているからね」と言われたことを思い出し、ハッと気がつきました。

「空で見ているお天道様」というのは、自分自身のことなんですね。

ずるいこと、汚いことをすれば、本当の自信や自尊心からどんどん遠ざかってしまいます。それでは真っ当な経営はできません。自信を持った経営者であるためにも、社長は誠実であるべきです。そして誠実さは何かと聞かれたら、私は「感謝の気持ちを持って相手に応えること」だと答えます。

家族や友人、社員や取引先やお客様、そして今日までに起きた出来事に「今自分があるのは皆さんのおかげ」という感謝の気持ちを抱きながら、自分も含めてたくさんの人たちに笑顔になってもらうためにはどうするべきかを考えて行動することです。

人や出来事に感謝していれば、何倍にもなって自分に返ってきます。そのような感謝の輪は、幸せの波動を生み、自分や自分の周りの人達をピンチから遠ざけてくれ、成功という道しかなくなります。

⑤夢を語り、未来の利益シェアを宣言する

私は何か新しいことを始めるとき、知り合いに「今度こんなことを考えてるんだけど」と、どんどん話をしていきます。すると「こんな会社があるから会ってみたら?」「その分野には専門家が必要だから、今度紹介するよ」など、応援してくれる人が増えていきます。

しかもいろいろな人に話しているうちに、自分自身にも、やろうとしていることの完成形への道筋が見えてきます。単なるアイデアにすぎなかったものが形になってきて、応援してくれる人たちへの恩返しもできるようになります。

「利益」というのは、必ずしもお金に限ったことではありません。中には、何かを成し遂げた達成感で十分という人もいるかもしれません。

そのように、多くの人を巻き込みながら夢に向かって進んでいる人は、仲間に守られます。もし経営がピンチになったとしても、どこかから助けの手が差し伸べられるでしょう。

3 社長力を上げるために不可欠な《あ・い・う・え・お》

人生を好転させる5つのステップ

今まで何百人もの社長と話をしてきて、気づきました。

成功する社長には、ある共通する要素があります。逆に、イマイチな社長には、その要素のどれかが欠けています。

その要素とは、社長力を上げる「あ・い・う・え・お」です。

50音は「あ行」から始まり、「ん」で終わります。

その始まりと終わりをくっつけてみたら、社長力を上げる大事な5つのステップがそろっていることに気がついたのです。

まず、「あ＋ん」は「案」です。事業のアイデアを考えることがすべてのスタートです。案を出さないと始まりませんね。

次に「い＋ん」は「イン（in）」。「〜の中に」という意味ですね。

これは、アイデアを実現するために必要な世界の中に飛び込んで、行動を始めることです。考えているだけで行動がなければ、何もないのと同じです。

そして「う＋ん」は「運」です。動き始めてみると意外な情報が入ってきたり、思っていたよりもスムーズにことが運んだりと、運が向いてきます。「案ずるより産むがやすし」という状況です。

行動を始め、運が向いてきたら、次は「え＋ん」の「縁」です。自分の運気が高まってくると人が集まってくるようになり、その中から情報も集まってきます。人と情報が結びつくと自分を中心にしてどんどん縁が広がり、支えてくれる仲間も増えていきます。社長として、順調に成長している状況といえます。

ただ、「縁」の段階で止まってしまうと、いずれ人も情報も離れていきます。そうならないように必要なのが「お＋ん」の「恩」です。

「成功したのは自分ひとりの力だ」などとおごることなく、仕事、プライベートを問わず自分に関わってくれているすべての人に恩を感じ、必ず感謝を言葉や態度で伝えることです。感謝の気持ちがあるからこそ、人はまた「この人を支えてあげよう」と思うのです。

この「あ・い・う・え・お」の5つのステップを意識して行動していれば、社長をやっていることの面白味がさらに感じられるでしょう。

「成功できない自分」に足りないものを見極める

私は、知人の経営相談にのるとき、いつもこの「あ・い・う・え・お」を引き合いに出しています。

「せっかくいいアイデアを思いついたんですけど、なかなか人やお金が集まらなくて」

「それは『い』の行動が足りないから、『運』が寄ってこないんだよ。もっと行動してみな」

あるいは、

「お陰様でいろんな人といい縁ができました。ありがとうございます」

「よかったね。あとは絶対に『恩』を忘れないこと。そこが欠けると、本当の成功はできないからね」

という具合です。

正直なところ、相談に来る仲間たちも、かしこまった経営論を聞くより「あ・い・う・え・お」のほうが忘れないし、腹落ちするようです。

「あ・い・う・え・お」は、〝社長力〟というよりも〝人間力〟に必要なものと言えるかもしれませんね。
皆さんもぜひ、仕事に、生き方に行き詰まることがあったら、この「あ・い・う・え・お」に立ち返ってみてください。

4 繁栄に必要な人・コト・情報・環境・目的を明確にする

必ず「言語化」！　感覚的に物事を進めない

事業を成功させるためには、「事業に関わる人」「モノ・コト」「集めるべき情報と発信するべき情報」「事業を行う環境」「目的」の5つの要素が、整合性がとれた状態で明確になっている必要があります。

社長の思いつきや過去の成功体験で「これならうまくいくだろう」というふわっとした感覚のまま進めても、どこかで齟齬が出ます。

これから事業を始めたり、うまくいかない事業がある人は、5つの要素きちんと言語化すると、何をするべきかが見えてきます。

言語化することで見えてくる全体像

例えば、地元食材を使った料理がウリの飲食店が、全国展開を計画している場合を考えてみましょう。

まず「人」では、店舗向けだけでなく全国に展開可能なレシピを開発できる調理師、販売戦略を進めるマーケッター、運送業者、冷凍技術を持っている会社、全国レベルでウケのいい商品パッケージをつくれるデザイナーなどが浮かびます。

次に「モノ・コト」では、話題になる目玉商品は必須です。さらに、全国的に店舗名も知ってもらう必要があるので、行列のできる注目イベントもやってみるとよいでしょう。

そして「情報」。集めるべき情報としては、商品開発のために、流行の兆しのある食材や調理法、レシピなどが必要です。反対に発信すべき情報としては、インスタなどSNSへの投稿や、「地元食材を使った行列のできるお店」としてリリースを出したり、メディアからの取材を受けたりすることが考えられます。また、著名人に商品のファンがいたら、協力してもらいましょう。

「事業を行う環境」としては、全国展開を狙うのであれば、ECのプラットフォームは不可欠です。また実店舗の集客が増えることで、知名度も全国区になることを考えると、「ぐるなび」などの集客サイトへの加盟も欠かせません。

最後に「目的」。ここを言語化せずに進めてしまうと、関わる人の想いや方向性がバラバラになってしまい、いつの間にか空中分解することになります。

地元食材の美味しさを全国の人に知ってもらいたい。地元の食品関係の企業の活性化につなげたい、さらには観光名所として注目され地域創生の第一歩にする……など、「〇〇のために」を言語化しておくことが重要です。

ざっと考えただけでもこれだけのことが挙げられます。皆さんの会社の場合はどのようになるか、まずは言語化してみてください。不足しているもの、勘違いしているもの、相手に勘違いさせてしまっているものが明確になり、全体像が見えてくるはずです。

あとがき

本書の読者の多くは中小や零細企業の経営者ではないかと思いますが、そんな皆さんに質問です。

「皆さんは、今孤独ですか？」

ある調査結果では、およそ5割の中小企業の社長は「相談相手がいない」と孤独を感じているそうです。

私も昔から経営をしている先輩方から「社長は孤独なもの」と言い聞かされてきました。

でも、それでいいのでしょうか？　社長は孤独でなければダメですか？

私はまったくそうは思いません。「社長は孤独だ」というイメージが独り歩きしてしまったために、誰にも相談できずひとりで苦しむ社長があとを絶たないのです。

私は社員にこんな話をしています。

「俺はいつでもみんなの先頭に立って頑張る。落ち込んだり、くじけそうになったときには、また元気になれるよう、全力で勇気づけてあげる。でもひとつお願いがある。もし俺が落ち込んでいたり疲れていたりしたら、励まして助けてください」

これは冗談ではありません。「社長は孤独」なんてまっぴらなので、一番身近で大切な社員とは、いつでもしっかりとつながっていたいと思っています。

もしかしたら、なかにはピンチに陥ったことで「自分のような経営者には、人とつながる資格なんてない」と、ますます孤独感を深めてしまっている社長もいるかもしれません。

でもそんな皆さんには「まず自分を褒めてあげてください。自分自身にご褒美を与えてあげてください」と伝えたいと思います。

ピンチになっているのは、何かにチャレンジした結果です。残念なことに、チャレンジがすべて目に見える成功につながるわけではありません。でも、チャレンジする勇気がない人がほとんどという今の世の中で、果敢にチャレンジしていることは、実は失敗なんてことはなく、体験や知識、知恵を得ており、目に見えない成功を勝ち得ているのです。それは本当に尊敬に値することです。

そのことを誇りに思って、人とつながる自信を取り戻してください。

話は変わりますが、私は自分の人生のピークを「死ぬ瞬間」にしたいと思っています。

槇原敬之さんの大ヒット曲『どんなときも』の歌詞に、こんな一節があります。

「〝昔は良かったね〟と　いつも口にしながら　生きていくのは　本当に嫌だから」

まさにこの心境です。ほかにもたくさん心に沁みる歌詞があるので『どんなときも』を今改めて聴いていただくことをおすすめします。

私自身、10代の頃は40代のおじさんを見ると「人生終わってんなー」と思っていました。でも、もうすぐ50代になる今のほうが、知恵も知識も身について、できることも増えて、多くの人とつながり、10代の頃よりも楽しいのです。

もちろん体力的には10代に比べて衰えているかもしれませんが、それ以上に、自分のやりたいことができている実感があります。

ピークが死ぬ瞬間ですから、これからますますやりたいこと、やれることが増えて、人生が楽しくなっていくはずです。

だからこそ、ひとりで悩んで奈落の底に落ちてしまいそうな経営者を助けたいと思うのです。

「まだまだあなたの人生はこれから登り坂なんだから。ここで『終わった』なんて思っていたらダメだよ。ゆっくりするのは、死んでから飽きるくらいできるんだから、生きているうちは諦めずやりきろう！」と伝えたいですね。

日本ではすべての企業のうち、99・7%が中小企業で、労働者のうち約7割が中小企業で働いているそうです。

そして中小企業で働く人の家族の人数も考えたら、日本の人口の大多数が中小企業に生活の基盤があるわけです。

ということは、ごく普通に考えて、中小企業が元気にならないと、日本も元気になりません。中小企業の社長が心身ともに健康で、社員が何の不安もなく仕事に打ち込め、その家族は安心して生活できる。

ささやかかもしれませんが、そんな当たり前の幸福をひとりでも多くの人が感じられ、自分にも他者に優しくできる人であふれかえるような社会、そして日本になればいいなと思っています。

だから私も、中小企業の社長を、沈み込んでしまいそうな深い悩みの中から救い出し、笑顔と自信を取り戻せるよう、これからも寄り添っていくつもりです。

すべての経営者に、とてつもなく明るい未来が訪れますように。

２０２４年11月

袋　雅和

● 著者プロフィール

袋 雅和（ふくろ・まさかず）

株式会社リアルヴィジョン代表取締役／STF合同会社 代表社員／一般社団法人 EVスタンド普及促進協議会 代表理事

2011年、株式会社リアルヴィジョンを創業。太陽光パネルや防犯システム事業をスタート。異業種交流会を通じて、多種多様な経営者から「経営のピンチ」や「心の不安」など数々の悩みを聞くことが増え、経営者を苦しみから救うことがライフワークとなる。多くの相談が継続的に発生する中で、経営者のピンチに寄り添い、課題解決に導くサービス「企業価値創造委員会（STF合同会社）」を2024年にスタート。人生のミッションは「死ぬ瞬間に自分の人生が最高だったと感謝できること」。

- 株式会社リアルヴィジョン
  https://real-vision.co.jp

- STF合同会社（経営課題解決コンサルティング会社）
  https://stf-lcc.com/

- 一般社団法人 EVスタンド普及促進協議会
  https://evs.or.jp/

企画協力　潮凪洋介（HEARTLAND.Inc）
編集協力　滝口雅志
組　　版　GALLAP
装　　幀　華本達哉（aozora.tv）
校　　正　藤本優子

社長の苦しみを軽くする本
賢く“SOS”を出して経営ピンチを脱出

2025年 1 月20日　第 1 刷発行

著　者　　袋 雅和
発行者　　松本 威
発　行　　合同フォレスト株式会社
郵便番号 184 - 0001
東京都小金井市関野町 1 - 6 -10
電話 042（401）2939　FAX 042（401）2931
振替 00170 - 4 - 324578
ホームページ　https://www.godo-forest.co.jp
発　売　　合同出版株式会社
郵便番号 184 - 0001
東京都小金井市関野町 1 - 6 -10
電話 042（401）2930　FAX 042（401）2931
印刷・製本　モリモト印刷株式会社

ISBN 978-4-7726-6270-3　NDC 336　188 × 130